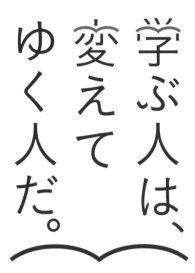

学ぶ人は、
変えて
ゆく人だ。

目の前にある問題はもちろん、

人生の問いや、

社会の課題を自ら見つけ、

挑み続けるために、人は学ぶ。

「学び」で、

少しずつ世界は変えてゆける。

いつでも、どこ

学ぶこ

一人社

完全対応

英単語ターゲット**1200**
［改訂版］

書き覚えノート

ターゲット編集部 編

Obunsha

はじめに

　誰にでも一度は「覚えたはずの単熟語をすぐに忘れてしまう」「ちゃんと覚えられているか不安」と思った経験があるのではないでしょうか。その通り，単熟語をマスターするのは決して簡単なことではありません。ただ漫然と単熟語を眺めていても，覚えたことの大半をすぐに忘れ去ってしまうのは記憶のメカニズムから考えて無理のないことなのです。

　本書『英単語ターゲット1200［改訂版］書き覚えノート』は，『英単語ターゲット1200［改訂版］』に収録された英単語1400語と，英熟語300を書いて覚えるノートです。

単語は20語ずつに区切られた1つの範囲を

　① 3回書いて記憶する

　② 記憶した単語を日本語の意味から引き出す

　③ 前回の範囲をテストして復習する

という3ステップで学習する構成になっています。

また熟語は20または10ずつに区切られた1つの範囲を

　① 2回書いて記憶する

　② 前回の範囲を例文の空欄補充テストで復習する

という2ステップで学習する構成になっています。

　本書に沿って進めていけば，放っておいたら忘れ去ってしまう単熟語を何度も復習することになり，きちんと記憶に定着させることができます。単熟語を実際に書き込むという，手を動かす作業も記憶のために効果的です。

　p.2からの説明を参考にして，『英単語ターゲット1200［改訂版］』の1700の見出し語をマスターしていきましょう。

ターゲット編集部

CONTENTS

装丁デザイン：及川真咲デザイン事務所　　本文デザイン：牧野剛士　　ペーパーイラスト制作・撮影：AJIN

編集担当：嶋田 諭示　　編集協力：有限会社アリエッタ

本書の構成と使用している記号について

1 Drill が1回の学習の目安です。単語は20ずつ，熟語は20または10ずつの区切りで構成しています。学習法については p.4以降を参照してください。

[単語編]

見出し語
『英単語ターゲット1200［改訂版］』に掲載している単語です。

意味
見出し語の意味を原則『英単語ターゲット1200［改訂版］』に準じて掲載しています（ただし，一部変更している場合があります）。同じ単語でも品詞が変わると発音やアクセントが変わることに注意すべき語には，というアイコンをつけています。

単語番号（ID）
見出し語には単語編・熟語編通して1～1700の番号を振っています。『英単語ターゲット1200［改訂版］』の単語番号にも対応しています。

発音記号／カナ表記
見出しの発音記号とそのカナ表記を掲載しています。発 カ というアイコンがついているものは，特に発音・アクセントに注意すべき語です。

意味
左ページの語の意味のうち，赤字で示した部分（第一に覚えておくべき厳選した意味）を掲載しています。

[熟語編]

本書の特長と効果的な学習法

[単語編] 1日1 Drill（20単語）を目安に進めましょう。

[左ページ]

[右ページ]

❶ 書いて記憶

〔前半10語〕
❶ 左欄の単語を見ながら，正しいスペルで書く。
❷ 声に出して発音しながら書く。
❸ 10語分❶・❷を終えたら，右欄の意味を見て単語を書く。

〔後半10語〕
❹～❻ 前半と同じ手順を繰り返す。

※前半・後半に分けず，一度に20語を練習してももちろんかまいません。

❷ 記憶から引き出す

左ページの20語がランダムに並べ替えられています。
❼ 意味を見て単語を思い出して書く。
❽ 左ページで単語番号の一致する単語と意味を見て，答え合わせをする。

❸ 復習テスト

1つ前の Drill の20語がランダムに並べ替えられています。
❾ 単語をなぞってから，その意味を思い出して書く。
❿ 前の Drill で単語番号の一致する単語を見て，正しく意味が書けたか答え合わせをする。

書けなかった単語は，「My Word List」に単語と意味をセットにして書いておきましょう。

My Word List

復習用の単語リストです。「My Word List」に書きためておいた単語は，別の紙にそれぞれ最低でも5回は書いて，完全に覚えるようにしましょう。覚えたと思うまで何回でも書くことが重要です。

4

【熟語編】1日1 Drill（20または10熟語）を目安に進めましょう。

[左ページ]

❶ 書いて記憶

〔前半10熟語〕

❶ 声に出して発音しながら熟語を書く。

❷ 10熟語分❶を終えたら，右欄の意味を見て熟語を書く。

〔後半10熟語〕

❸・❹ 前半と同じ手順を繰り返す。

※前半・後半に分けず，一度に20熟語を練習してももちろんかまいません。

❷ 復習テスト

1つ前の Drill の20（または10）熟語の例文がランダムに並べ替えられています。

❺ 訳文に合う熟語を思い出して空欄に書く。

❻ 解答を見て，答え合わせをする。

[右ページ]

My Idiom List

Section1～5のそれぞれの最後にある復習用の熟語リストです。「My Idiom List」に書きためておいた熟語は，別の紙にそれぞれ最低でも5回は書いて，完全に覚えるようにしましょう。覚えたと思うまで何回でも書くことが重要です。

復習の重要性

「はじめに」で述べたように，暗記したはずの事柄は放っておくとどんどん失われていきます。よって，本書の学習を1日1 Drill ずつコンスタントに進めていくのが望ましいやり方です。1日ごとに前日の範囲を復習し（単語は❸復習テスト，熟語は❷復習テスト），単語は100語，熟語はその Section 分終えたところで「My Word / Idiom List」（覚えていなかった単熟語）を復習するというやり方で繰り返すこと。さらに記憶を万全にするために，「My Word / Idiom List」の復習から時間をおいて，もう一度その Section の範囲（単語は100語，熟語はその Section 分）を復習することをおすすめします。

本書の学習をサポートする学習管理表が p.6にあります。ぜひ活用して，学習の記録を付けながら，復習も忘れずに進めてください。

本書のやり方に従って「書きながら覚える」ことで，中学復習の200単語，高校必修の1200単語，重要な300熟語，合わせて1700の単熟語とその意味をしっかりと記憶に残すことができます。

学習管理表

その日の学習が終わったら下の表の／部分に日付を記入して，学習の記録を付けましょう。

Drill 1 /	Drill 2 /	Drill 3 /	Drill 4 /	Drill 5 /	Drill 6 /
Drill 7 /	Drill 8 /	Drill 9 /	Drill 10 /	Drill 11 /	Drill 12 /
Drill 13 /	Drill 14 /	Drill 15 /	Drill 16 /	Drill 17 /	Drill 18 /
Drill 19 /	Drill 20 /	Drill 21 /	Drill 22 /	Drill 23 /	Drill 24 /
Drill 25 /	Drill 26 /	Drill 27 /	Drill 28 /	Drill 29 /	Drill 30 /
Drill 31 /	Drill 32 /	Drill 33 /	Drill 34 /	Drill 35 /	Drill 36 /
Drill 37 /	Drill 38 /	Drill 39 /	Drill 40 /	Drill 41 /	Drill 42 /
Drill 43 /	Drill 44 /	Drill 45 /	Drill 46 /	Drill 47 /	Drill 48 /
Drill 49 /	Drill 50 /	Drill 51 /	Drill 52 /	Drill 53 /	Drill 54 /
Drill 55 /	Drill 56 /	Drill 57 /	Drill 58 /	Drill 59 /	Drill 60 /
Drill 61 /	Drill 62 /	Drill 63 /	Drill 64 /	Drill 65 /	Drill 66 /
Drill 67 /	Drill 68 /	Drill 69 /	Drill 70 /	Drill 71 /	Drill 72 /
Drill 73 /	Drill 74 /	Drill 75 /	Drill 76 /	Drill 77 /	Drill 78 /
Drill 79 /	Drill 80 /	Drill 81 /	Drill 82 /	Drill 83 /	Drill 84 /
Drill 85 /	Drill 86 /				

6

Section 1

1 書いて記憶 [単語番号：1〜20]

単語	1回目 意味を確認して単語を書く	2回目 発音しながら単語を書く	3回目 意味に合う単語を書く	意味
1 **change** 発[tʃeɪndʒ] **チェインヂ**		⇨		動 を変える；変わる；を替える 名 変化；おつり，小銭
2 **learn** [ləːrn] **ら〜ン**		⇨	⇩	動 (を)学ぶ；を身につける
3 **help** [help] **へるプ**		⇨	⇩	動 (人)を手伝う，助ける；(人)に役立つ 名 助け，手伝い
4 **need** [niːd] **ニード**		⇨	⇩	動 を必要とする 名 必要(性)
5 **live** [lɪv] **リヴ**		⇨	⇩	動 住んでいる；生きる；暮らす 形 発 生きている；生の
6 **ask** [æsk] **アスク**		⇨	⇩	動 に頼む；に尋ねる
7 **enjoy** [ɪndʒɔ́ɪ] **インヂョイ**		⇨	⇩	動 を楽しむ
8 **wait** [weɪt] **ウェイト**		⇨	⇩	動 待つ
9 **cook** 発[kʊk] **クック**		⇨	⇩	動 (加熱して)(を)調理する，(食事)を作る 名 料理人
10 **talk** [tɔːk] **トーク**		⇨	⇩	動 話す
11 **speak** [spiːk] **スピーク**		⇨	⇩	動 (を)話す
12 **meet** [miːt] **ミート**		⇨	⇩	動 (に)会う
13 **mean** [miːn] **ミーン**		⇨	⇩	動 のことを指して言う；を意味する
14 **buy** [baɪ] **バイ**		⇨	⇩	動 を買う
15 **travel** [trǽvəl] **トゥラヴ(ェ)る**		⇨	⇩	動 旅行する；(人・乗り物などが)行く，進む 名 旅行
16 **build** 発[bɪld] **ビるド**		⇨	⇩	動 を建てる，建設する，作る
17 **close** 発[klouz] **クろウズ**		⇨	⇩	動 を閉じる；閉まる 形 発 近い；親しい
18 **stay** [steɪ] **ステイ**		⇨	⇩	動 滞在する；とどまる；(ある状態)のままでいる 名 滞在
19 **move** 発[muːv] **ムーヴ**		⇨	⇩	動 を動かす；動く；引っ越す；を感動させる
20 **plan** [plæn] **プらン**		⇨	⇩	動 を計画する 名 計画

②記憶から引き出す

意味	ID	単語を書こう
動 旅行する	15	
動 を建てる, 建設する, 作る	16	
動 話す	10	
動 を買う	14	
動 滞在する	18	
動 (を)話す	11	
動 (に)会う	12	
動 (加熱して)(を)調理する, (食事)を作る	9	
動 のことを指して言う	13	
動 (を)学ぶ	2	

意味	ID	単語を書こう
動 に頼む	6	
動 住んでいる	5	
動 を必要とする	4	
動 を変える	1	
動 待つ	8	
動 を楽しむ	7	
動 を動かす	19	
動 を閉じる	17	
動 を計画する	20	
動 (人)を手伝う, 助ける	3	

1 書いて記憶 [単語番号：21 〜 40]

学習日：　　　月　　　日

単語	1回目 意味を確認して単語を書く	2回目 発音しながら単語を書く	3回目 意味に合う単語を書く	意味
21 **write** [raɪt] ライト				動 (を)**書く**
22 **listen** 発 [lísən] **リ**スン				動 (意識して)**聞く**
23 **happen** [hǽpən] **ハ**プン				動 **起こる**，生じる
24 **lose** 発 [luːz] **るー**ズ				動 を**失う**，なくす；に負ける
25 **stand** [stænd] ス**タ**ンド				動 **立つ**，立っている 名 屋台，売店
26 **grow** [grou] グ**ロ**ウ				動 **育つ**；を栽培する；増大する
27 **sound** [saund] **サ**ウンド				動 〜(のよう)に**聞こえる**，思える 名 音
28 **rain** [reɪn] **レ**イン				動 **雨が降る** 名 雨
29 **worry** 発 [wə́ːri] **ワ**〜りィ				動 **心配する**；を心配させる 名 心配，悩み
30 **teach** [tiːtʃ] **ティー**チ				動 (を)**教える**
31 **hope** [houp] **ホ**ウプ				動 を**望む**，期待する 名 希望
32 **hold** [hould] **ホ**ウるド				動 を**持つ**，抱える；を保つ；(会合など)を催す
33 **life** [laɪf] **ら**イふ				名 **一生**，生涯；人生；(日常の)生活；命
34 **thing** [θɪŋ] **す**ィング				名 **事**；物
35 **country** 発 [kʌ́ntri] **カ**ントゥりィ				名 **国**；(the 〜)田舎
36 **example** [ɪgzǽmpl] イグ**ザ**ンプる				名 **例**，実例
37 **place** [pleɪs] プ**れ**イス				名 **場所**，所；順位 動 を置く
38 **part** [pɑːrt] **パ**ート				名 **部分**；役；役割
39 **trip** [trɪp] トゥ**リ**ップ				名 **旅行**
40 **problem** [prɑ́(ː)bləm] プ**ラ**(ー)ブれム				名 **問題**

2 記憶から引き出す

意味	ID	単語を書こう
名 国	35	
名 事	34	
動 を望む，期待する	31	
動 ～(のよう)に聞こえる，思える	27	
動 心配する	29	
名 場所，所	37	
名 旅行	39	
名 問題	40	
動 (を)書く	21	
動 を失う，なくす	24	

意味	ID	単語を書こう
動 起こる，生じる	23	
動 立つ，立っている	25	
名 部分	38	
動 を持つ，抱える	32	
動 雨が降る	28	
名 例，実例	36	
動 (を)教える	30	
動 (意識して)聞く	22	
動 育つ	26	
名 一生，生涯	33	

3 Drill 1 の復習テスト

✓	単語 なぞって書く	ID	意味を書こう
	cook	9	
	ask	6	
	meet	12	
	talk	10	
	learn	2	
	speak	11	
	enjoy	7	
	need	4	
	change	1	
	build	16	

✓	単語 なぞって書く	ID	意味を書こう
	travel	15	
	buy	14	
	stay	18	
	plan	20	
	close	17	
	help	3	
	move	19	
	live	5	
	wait	8	
	mean	13	

忘れていた単語は，p.28 の My Word List へ GO▶

1 書いて記憶 [単語番号：41～60]　　　　　　　　　　学習日：　　　月　　　日

単語	1回目 意味を確認して単語を書く	2回目 発音しながら単語を書く	3回目 意味に合う単語を書く	意味
41 **question** ⊕[kwéstʃən] クウェスチョン		➡		名 **質問**；(試験)問題
42 **color** [kʌ́lər] カらァ		➡	⬇	名 **色**
43 **point** [pɔɪnt] ポイント		➡	⬇	名 **要点**；点；得点 動 指さす；(を)(指し)示す
44 **language** ⊕[lǽŋgwɪdʒ] らングウェッヂ		➡	⬇	名 **言語**
45 **word** [wəːrd] ワ～ド		➡	⬇	名 **単語**，語；言葉
46 **health** [helθ] へるす		➡	⬇	名 **健康(状態)**
47 **report** [rɪpɔ́ːrt] リポート		➡	⬇	名 **報告(書)**，レポート； 報道 動 (を)報告する；(を)報道する
48 **minute** ⊕[mínət] ミニット		➡	⬇	名 **(時間の)分**；少しの間
49 **reason** [ríːzən] リーズン		➡	⬇	名 **理由**
50 **line** [laɪn] らイン		➡	⬇	名 **路線**；線；列，行列
51 **month** ⊕[mʌnθ] マンす		➡	⬇	名 **(暦の)月**
52 **week** [wiːk] ウィーク		➡	⬇	名 **週**
53 **date** [deɪt] デイト		➡	⬇	名 **日にち**；デート 動 (と)デートする
54 **event** ㋐[ɪvént] イヴェント		➡	⬇	名 **行事**；出来事
55 **future** [fjúːtʃər] ふューチャ		➡	⬇	名 **未来，将来** 形 未来の
56 **design** [dɪzáɪn] ディザイン		➡	⬇	名 **デザイン**；設計図 動 (を)デザイン[設計]する
57 **end** [end] エンド		➡	⬇	名 **終わり**；端；目的 動 終わる；を終える
58 **computer** [kəmpjúːtər] コンピュータァ		➡	⬇	名 **コンピューター**
59 **plant** [plænt] プらント		➡	⬇	名 **植物**；(製造)工場，発電 所 動 を植える
60 **art** [ɑːrt] アート		➡	⬇	名 **美術**；芸術

② 記憶から引き出す

意味	ID	単語を書こう
名 週	52	
名 色	42	
名 報告(書), レポート	47	
名 質問	41	
名 (時間の)分	48	
名 日にち	53	
名 (暦の)月	51	
名 植物	59	
名 健康(状態)	46	
名 理由	49	

意味	ID	単語を書こう
名 路線	50	
名 行事	54	
名 未来, 将来	55	
名 美術	60	
名 デザイン	56	
名 コンピューター	58	
名 要点	43	
名 終わり	57	
名 単語, 語	45	
名 言語	44	

③ Drill 2 の復習テスト

✓	単語 なぞって書く	ID	意味を書こう
	trip	39	
	country	35	
	thing	34	
	problem	40	
	teach	30	
	stand	25	
	worry	29	
	write	21	
	rain	28	
	sound	27	

✓	単語 なぞって書く	ID	意味を書こう
	happen	23	
	hold	32	
	example	36	
	life	33	
	lose	24	
	part	38	
	listen	22	
	grow	26	
	place	37	
	hope	31	

忘れていた単語は, p.28 の My Word List へ **GO**

単語	1回目 意味を確認して単語を書く	2回目 発音しながら単語を書く	3回目 意味に合う単語を書く	意味
61 **chance** [tʃæns] チャンス		➡	⬇	名 機会，好機；可能性；偶然
62 **history** [hístəri] ヒストリィ		➡	⬇	名 歴史
63 **festival** [féstɪvəl] ふェスティヴァる		➡	⬇	名 祭り
64 **season** [síːzən] スィーズン		➡	⬇	名 季節，時季
65 **fun** [fʌn] ふァン		➡	⬇	名 楽しみ
66 **host** 発 [hoʊst] ホウスト		➡	⬇	名 (催しなどでもてなす側の)主人，主催者 動 を主催する
67 **message** 発 [mésɪdʒ] メセッヂ		➡	⬇	名 伝言，メッセージ
68 **step** [step] ステップ		➡	⬇	名 段階；歩み，一歩；(階段の)段 動 歩を進める
69 **popular** [pá(ː)pjʊlər] パ(ー)ピュらァ		➡	⬇	形 人気のある
70 **most** 発 [moʊst] モウスト		➡	⬇	形 大部分の，たいていの；(the most ~)最も ~な 副 最も　名 大部分
71 **different** [dífərənt] ディふァレント		➡	⬇	形 違う，異なる
72 **such** [sʌtʃ] サッチ		➡	⬇	形 そのような
73 **last** [læst] らスト		➡	⬇	形 この前の；最後の 動 続く　名 最後　副 最後に
74 **same** [seɪm] セイム		➡	⬇	形 (the ~)同じ，同様の；同一の 名 同じ物[事]
75 **great** 発 [greɪt] グレイト		➡	⬇	形 すばらしい；元気な；偉大な；大変な
76 **open** [óʊpən] オウプン		➡	⬇	形 開店[営業]している；開いている　動 を開ける；開く；(店など)を開店[開設]する
77 **own** [oʊn] オウン		➡	⬇	形 自分自身の；特有の 動 を所有している
78 **kind** [kaɪnd] カインド		➡	⬇	形 親切な；優しい 名 種類
79 **difficult** [dífɪkəlt] ディふィカるト		➡	⬇	形 難しい
80 **enough** 発 [ɪnʌ́f] イナふ		➡	⬇	形 十分な 副 十分に 名 十分な数[量]

2 記憶から引き出す

意味	ID	単語を書こう	意味	ID	単語を書こう
名 (催しなどでもてなす側の)主人, 主催者	66		名 歴史	62	
形 自分自身の	77		形 すばらしい	75	
形 同じ, 同様の	74		名 祭り	63	
名 段階	68		名 季節, 時季	64	
名 機会, 好機	61		形 十分な	80	
形 難しい	79		名 伝言, メッセージ	67	
形 違う, 異なる	71		名 楽しみ	65	
形 大部分の, たいていの	70		形 開店[営業]している	76	
形 親切な	78		形 そのような	72	
形 人気のある	69		形 この前の	73	

3 Drill 3 の復習テスト

✔	単語 なぞって書く	ID	意味を書こう	✔	単語 なぞって書く	ID	意味を書こう
	health	46			design	56	
	end	57			month	51	
	date	53			week	52	
	report	47			event	54	
	color	42			minute	48	
	point	43			question	41	
	plant	59			art	60	
	computer	58			language	44	
	line	50			future	55	
	reason	49			word	45	

忘れていた単語は, p.28 の My Word List へ **GO▶**

単語	1回目 意味を確認して単語を書く	2回目 発音しながら単語を書く	3回目 意味に合う単語を書く	意味
81 **special** [spéʃəl] スペシャる		⇨	⬇	形 特別な 名 特別番組, おすすめ[特価]品
82 **famous** [féɪməs] ふエイマス		⇨	⬇	形 有名な
83 **bad** [bæd] バッド		⇨	⬇	形 悪い
84 **short** [ʃɔːrt] ショート		⇨	⬇	形 短い；(背が)低い；足りない
85 **useful** [júːsfəl] ユースふる		⇨	⬇	形 役に立つ
86 **afraid** [əfréɪd] アふレイド		⇨	⬇	形 恐れて, 怖がって
87 **favorite** [féɪvərət] ふエイヴ(ァ)リット		⇨	⬇	形 お気に入りの 名 お気に入り(の物[人])
88 **expensive** [ɪkspénsɪv] イクスペンスィヴ		⇨	⬇	形 高価な；費用のかかる
89 **carry** [kǽri] キャリィ		⇨	⬇	動 を運ぶ
90 **break** 発 [breɪk] ブレイク		⇨	⬇	動 壊れる, 割れる；を壊す, を割る 名 休憩
91 **arrive** [əráɪv] アライヴ		⇨	⬇	動 到着する
92 **fall** [fɔːl] ふォーる		⇨	⬇	動 落ちる 名 落下；困 秋；(~s)滝
93 **miss** [mɪs] ミス		⇨	⬇	動 がいなくて[なくて]さみしく思う；に乗り遅れる；を逃す
94 **cover** [kʌ́vər] カヴァ		⇨	⬇	動 を覆う 名 カバー, 覆い
95 **catch** [kætʃ] キャッチ		⇨	⬇	動 を捕まえる 名 捕まえること
96 **save** [seɪv] セイヴ		⇨	⬇	動 を救う；を節約する
97 **check** [tʃek] チェック		⇨	⬇	動 を点検する, 確かめる 名 点検
98 **introduce** [ìntrədjúːs] イントゥロデュース		⇨	⬇	動 を紹介する；を導入する
99 **join** [dʒɔɪn] ヂョイン		⇨	⬇	動 (に)加わる；(集団・組織など)の一員になる
100 **clean** [kliːn] クリーン		⇨	⬇	動 をきれいにする, 清掃する 形 きれいな, 汚れていない

2 記憶から引き出す

意味	ID	単語を書こう
形 短い	84	
動 をきれいにする，清掃する	100	
動 を捕まえる	95	
動 を運ぶ	89	
動 壊れる，割れる	90	
動 を覆う	94	
動 を救う	96	
形 高価な	88	
形 お気に入りの	87	
形 有名な	82	

意味	ID	単語を書こう
形 恐れて，怖がって	86	
動 到着する	91	
形 役に立つ	85	
動 落ちる	92	
形 特別な	81	
動 (に)加わる	99	
動 を点検する，確かめる	97	
形 悪い	83	
動 を紹介する	98	
動 がいなくて[なくて]さみしく思う	93	

3 Drill 4 の復習テスト

✔	単語 なぞって書く	ID	意味を書こう
	popular	69	
	last	73	
	festival	63	
	chance	61	
	great	75	
	history	62	
	own	77	
	difficult	79	
	host	66	
	season	64	

✔	単語 なぞって書く	ID	意味を書こう
	same	74	
	most	70	
	open	76	
	message	67	
	different	71	
	enough	80	
	kind	78	
	fun	65	
	such	72	
	step	68	

忘れていた単語は，p.28 の My Word List へ GO▶

書いて記憶 [単語番号：101〜120]

単語	1回目 意味を確認して単語を書く	2回目 発音しながら単語を書く	3回目 意味に合う単語を書く	意味
101 **answer** [ǽnsər] アンサァ				動 (に)**答える**；(に)応答する 名 答え
102 **throw** [θrou] す**ロ**ウ				動 を**投げる**
103 **invite** ㋒ [ɪnváɪt] インヴァイト				動 を**招待する**，招く
104 **pick** [pɪk] ピック				動 を**摘み取る**，つまみ取る；を選び出す
105 **die** [daɪ] ダイ				動 **死ぬ**；枯れる
106 **return** [rɪtə́:rn] リ**タ**〜ン				動 **戻る**；を返す 名 戻ること；返却
107 **fly** [flaɪ] ふ**ラ**イ				動 **飛ぶ**；飛行機で行く 名 ハエ
108 **cut** [kʌt] **カ**ット				動 を**切る** 名 切ること
109 **hit** [hɪt] **ヒ**ット				動 (災害などが)を**襲う**；をたたく；を打つ 名 ヒット作
110 **excuse** ㋐ [ɪkskjú:z] イクス**キュ**ーズ				動 を**許す** 名 ㊟ 言い訳
111 **wash** [wɑ(:)ʃ] **ワ**(ー)ッシ				動 を**洗う**
112 **cry** [kraɪ] ク**ラ**イ				動 (と)**叫ぶ**；泣く 名 泣き声，鳴き声；叫び声
113 **borrow** [bɔ́(:)rou] ボ(ー)ロウ				動 を**借りる**
114 **kill** [kɪl] **キ**る				動 を**殺す**
115 **push** [puʃ] **プ**ッシ				動 (を)**押す** 名 押すこと
116 **climb** ㋐ [klaɪm] ク**ラ**イム				動 (を)**登る**，よじ登る
117 **laugh** ㋐ [læf] **ら**ふ				動 (声を立てて)**笑う**
118 **smile** [smaɪl] ス**マ**イる				動 **ほほえむ** 名 ほほえみ
119 **hurry** [hə́:ri] **ハ**〜リィ				動 **急ぐ**；急いで行く 名 急ぐこと
120 **cheer** [tʃɪər] **チ**ア				動 を**元気づける**；(に)喝采を送る 名 歓声，声援

2 記憶から引き出す

意味	ID	単語を書こう
動 飛ぶ	107	
動 戻る	106	
動 を借りる	113	
動 (と)叫ぶ	112	
動 ほほえむ	118	
動 急ぐ	119	
動 を招待する，招く	103	
動 (災害などが)を襲う	109	
動 を投げる	102	
動 を洗う	111	

意味	ID	単語を書こう
動 を殺す	114	
動 を元気づける	120	
動 を切る	108	
動 (に)答える	101	
動 (声を立てて)笑う	117	
動 死ぬ	105	
動 を摘み取る，つまみ取る	104	
動 (を)登る，よじ登る	116	
動 (を)押す	115	
動 を許す	110	

3 Drill 5 の復習テスト

✓	単語 なぞって書く	ID	意味を書こう
	break	90	
	introduce	98	
	afraid	86	
	save	96	
	miss	93	
	short	84	
	check	97	
	expensive	88	
	clean	100	
	famous	82	

✓	単語 なぞって書く	ID	意味を書こう
	special	81	
	bad	83	
	catch	95	
	cover	94	
	fall	92	
	join	99	
	useful	85	
	carry	89	
	favorite	87	
	arrive	91	

忘れていた単語は，p.28 の My Word List へ Go→

単語	1回目 意味を確認して単語を書く	2回目 発音しながら単語を書く	3回目 意味に合う単語を書く	意味
121 **volunteer** ⑦[và(:)ləntíər] ヴァ(ー)らンティア		➡	⬇	名 ボランティア；志願者 動 進んで申し出る
122 **side** [saɪd] サイド		➡	⬇	名 側；わき；(対立する一方の)側
123 **front** 発[frʌnt] ふラント		➡	⬇	名 前，正面；前部 形 前の
124 **concert** [ká(:)nsərt] カ(ー)ンサト		➡	⬇	名 コンサート，演奏会
125 **fire** [fáɪər] ふァイア		➡	⬇	名 火事；火
126 **village** [vílɪdʒ] ヴィれッヂ		➡	⬇	名 村
127 **lesson** [lésən] れスン		➡	⬇	名 レッスン；課；米授業；教訓
128 **light** [laɪt] らイト		➡	⬇	名 明かり，照明；光 形 軽い；明るい 動 を明るくする
129 **Internet** ⑦[íntərnèt] インタァネット		➡	⬇	名 (the ~)インターネット
130 **weather** [wéðər] ウェざァ		➡	⬇	名 天気
131 **voice** [vɔɪs] ヴォイス		➡	⬇	名 声；意見
132 **piece** [pi:s] ピース		➡	⬇	名 1つ，1枚；部品
133 **goal** [goʊl] ゴウる		➡	⬇	名 目標；ゴール；得点
134 **speech** [spi:tʃ] スピーチ		➡	⬇	名 スピーチ，演説
135 **fan** [fæn] ふァン		➡	⬇	名 ファン；うちわ；換気扇
136 **dream** [dri:m] ドゥリーム		➡	⬇	名 夢 動 夢に見る
137 **mistake** [mɪstéɪk] ミステイク		➡	⬇	名 間違い，誤り 動 を間違える
138 **meter** 発[mí:tər] ミータァ		➡	⬇	名 メートル；(計量)メーター
139 **land** [lænd] らンド		➡	⬇	名 土地；陸；国土 動 着陸[上陸]する
140 **hundred** [hʌ́ndrəd] ハンドゥレッド		➡	⬇	名 百

❷ 記憶から引き出す

意味	ID	単語を書こう
名 百	140	
名 夢	136	
名 レッスン	127	
名 土地	139	
名 側	122	
名 間違い，誤り	137	
名 火事	125	
名 目標	133	
名 明かり，照明	128	
名 声	131	

意味	ID	単語を書こう
名 天気	130	
名 インターネット	129	
名 メートル	138	
名 1つ，1枚	132	
名 スピーチ，演説	134	
名 村	126	
名 ファン	135	
名 ボランティア	121	
名 コンサート，演奏会	124	
名 前，正面	123	

❸ Drill 6 の復習テスト

✔	単語 なぞって書く	ID	意味を書こう
	climb	116	
	answer	101	
	kill	114	
	wash	111	
	pick	104	
	borrow	113	
	die	105	
	invite	103	
	return	106	
	fly	107	

✔	単語 なぞって書く	ID	意味を書こう
	cheer	120	
	throw	102	
	laugh	117	
	hit	109	
	hurry	119	
	excuse	110	
	cut	108	
	push	115	
	cry	112	
	smile	118	

忘れていた単語は，p.28 の My Word List へ **GO**

単語	1回目 意味を確認して単語を書く	2回目 発音しながら単語を書く	3回目 意味に合う単語を書く	意味
141 **thousand** [θáuzənd] さウザンド				名 千
142 **million** [míljən] ミりョン				名 百万
143 **medicine** [médsən] メドゥス(ィ)ン				名 薬；医学
144 **uniform** [júːnɪfɔ̀ːrm] ユーニふォーム				名 制服
145 **heat** [hiːt] ヒート				名 暑さ；熱 動 を熱する
146 **evening** [íːvnɪŋ] イーヴニング				名 夕方，晩
147 **noon** [nuːn] ヌーン				名 正午
148 **holiday** [há(ː)lədèɪ] ハ(ー)リデイ				名 休日，祝日
149 **course** [kɔːrs] コース				名 講座　課程；進路
150 **rule** [ruːl] ルーる				名 ルール，規則
151 **forest** [fɔ́(ː)rəst] ふォ(ー)レスト				名 森林
152 **farm** [fɑːrm] ふァーム				名 農場
153 **treasure** [tréʒər] トゥレジャ				名 大切な物，宝物
154 **hole** [houl] ホウる				名 穴
155 **cloud** [klaud] クらウド				名 雲
156 **phone** [foun] ふォウン				名 電話；電話機
157 **sorry** [sá(ː)ri] サ(ー)リィ				形 すまなく思って；残念 [気の毒]に思って
158 **careful** [kéərfəl] ケアふる				形 注意深い
159 **wonderful** [wʌ́ndərfəl] ワンダふる				形 すばらしい
160 **heavy** [hévi] ヘヴィ				形 重い；(程度が)大きい，ひどい

❷ 記憶から引き出す

意味	ID	単語を書こう	意味	ID	単語を書こう
名 薬	143		形 注意深い	158	
名 百万	142		名 正午	147	
名 大切な物, 宝物	153		形 重い	160	
名 講座, 課程	149		名 千	141	
名 制服	144		名 雲	155	
名 穴	154		名 休日, 祝日	148	
名 農場	152		名 森林	151	
名 暑さ	145		名 電話	156	
名 ルール, 規則	150		名 夕方, 晩	146	
形 すばらしい	159		形 すまなく思って	157	

❸ Drill 7 の復習テスト

✔	単語 なぞって書く	ID	意味を書こう	✔	単語 なぞって書く	ID	意味を書こう
	goal	133			side	122	
	voice	131			mistake	137	
	hundred	140			concert	124	
	speech	134			lesson	127	
	Internet	129			volunteer	121	
	fan	135			village	126	
	dream	136			fire	125	
	front	123			land	139	
	weather	130			light	128	
	meter	138			piece	132	

忘れていた単語は, p.28 の My Word List へ **GO**

1 書いて記憶 [単語番号：161 ～ 180]　　　　　　学習日：　　月　　日

単語	1回目 意味を確認して単語を書く	2回目 発音しながら単語を書く	3回目 意味に合う単語を書く	意味
161 **sick** [sɪk] スィック		➡		形 病気の；吐き気がする
162 **dear** [dɪər] ディア		➡	⬇	形 親愛なる
163 **glad** [glæd] グらッド		➡	⬇	形 うれしい
164 **dark** [dɑːrk] ダーク		➡	⬇	形 暗い；(色が)濃い 名 日暮れ
165 **sad** [sæd] サッド		➡	⬇	形 悲しい
166 **cute** [kjuːt] キュート		➡	⬇	形 かわいい
167 **free** [friː] ふリー		➡	⬇	形 暇な，時間のある；自由な；無料の
168 **foreign** 発 [fɔ́(ː)rən] ふォ(ー)リン		➡	⬇	形 外国の
169 **low** 発 [loʊ] ろウ		➡	⬇	形 低い
170 **safe** [seɪf] セイふ		➡	⬇	形 安全な
171 **angry** [ǽŋgri] アングリィ		➡	⬇	形 怒った
172 **lucky** [lʌ́ki] らキィ		➡	⬇	形 幸運な
173 **bright** [braɪt] ブライト		➡	⬇	形 輝いて，(たくさんの光で)明るい
174 **soft** [sɔ(ː)ft] ソ(ー)ふト		➡	⬇	形 柔らかい
175 **loud** 発 [laʊd] らウド		➡	⬇	形 (音・声・音楽などが)大きい 副【略式】大声で，大きな音で
176 **even** [íːvən] イーヴン		➡	⬇	副 ～でさえ；(比較級を強調して)さらに
177 **back** [bæk] バック		➡	⬇	副 戻って；後ろに 名 背中；後部
178 **still** [stɪl] スティる		➡	⬇	副 まだ，なお；それにもかかわらず
179 **early** 発 [ɔ́ːrli] ア～りィ		➡	⬇	副 早く 形 早い；初期の
180 **soon** [suːn] スーン		➡	⬇	副 すぐに，まもなく

2 記憶から引き出す

意味	ID	単語を書こう		意味	ID	単語を書こう
形 かわいい	166			副 すぐに，まもなく	180	
形 (音・声・音楽などが) 大きい	175			形 親愛なる	162	
形 安全な	170			副 ～でさえ	176	
形 幸運な	172			副 まだ，なお	178	
形 輝いて，(たくさんの光で)明るい	173			形 暗い	164	
形 悲しい	165			形 怒った	171	
形 暇な，時間のある	167			形 病気の	161	
形 うれしい	163			形 柔らかい	174	
形 低い	169			副 戻って	177	
形 外国の	168			副 早く	179	

3 Drill 8 の復習テスト

✔	単語 なぞって書く	ID	意味を書こう	✔	単語 なぞって書く	ID	意味を書こう
	farm	152			cloud	155	
	phone	156			forest	151	
	evening	146			careful	158	
	rule	150			heat	145	
	treasure	153			course	149	
	sorry	157			holiday	148	
	wonderful	159			thousand	141	
	heavy	160			noon	147	
	hole	154			medicine	143	
	uniform	144			million	142	

忘れていた単語は，p.28 の My Word List へ **GO**

単語	1回目 意味を確認して単語を書く	2回目 発音しながら単語を書く	3回目 意味に合う単語を書く	意味
181 **away** [əwéɪ] アウェイ		⇒	⬇	副 離れて，遠くへ
182 **almost** [ɔ́ːlmòust] オーるモウスト		⇒	⬇	副 ほとんど，ほぼ；もう少しで
183 **together** 発 [təɡéðər] トゥゲざァ		⇒	⬇	副 一緒に
184 **maybe** ア [méɪbi] メイビ		⇒	⬇	副 もしかすると，おそらく
185 **once** 発 [wʌns] ワンス		⇒	⬇	副 1度[回]；かつて 接 いったん…すると
186 **else** [els] エるス		⇒	⬇	副 ほかに
187 **ago** 発 [əɡóu] アゴウ		⇒	⬇	副 (今から)〜前に
188 **straight** 発 [streɪt] ストゥレイト		⇒	⬇	副 まっすぐに 形 まっすぐな
189 **slowly** [slóuli] スろウリィ		⇒	⬇	副 ゆっくりと
190 **suddenly** [sʌ́dənli] サドゥンリィ		⇒	⬇	副 突然，急に
191 **until** ア [əntíl] アンティる		⇒	⬇	接 …するまで 前 〜まで
192 **since** [sɪns] スィンス		⇒	⬇	接 …したときから；(理由)…だから 前 〜以来
193 **around** [əráund] アラウンド		⇒	⬇	前 〜のあちこちを；〜の周りに[を] 副 あちこちに[を]
194 **over** [óuvər] オウヴァ		⇒	⬇	前 〜を超えて，越えて；〜の上[上方]に；〜じゅうを 副 向こうに；上方に
195 **without** ア [wɪðáut] ウィざウト		⇒	⬇	前 〜なしに
196 **through** 発 [θru:] すルー		⇒	⬇	前 (期間)〜の間じゅう；〜を通り抜けて；〜の至る所に[を]
197 **between** [bɪtwíːn] ビトゥウィーン		⇒	⬇	前 〜の間に[を]
198 **during** [dɔ́ːrɪŋ] ドゥーリング		⇒	⬇	前 〜の間に；〜の間じゅう(ずっと)
199 **behind** [bɪháɪnd] ビハインド		⇒	⬇	前 〜の後ろに；〜の背後に 副 後ろに
200 **along** [əlɔ́(:)ŋ] アろ(ー)ング		⇒	⬇	前 〜に沿って 副 前方へ；一緒に

2 記憶から引き出す

意味	ID	単語を書こう
前 (期間)～の間じゅう	196	
副 (今から)～前に	187	
前 ～なしに	195	
副 ほかに	186	
副 ほとんど，ほぼ	182	
副 ゆっくりと	189	
前 ～の後ろに	199	
副 もしかすると，おそらく	184	
接 …したときから	192	
副 離れて，遠くへ	181	

意味	ID	単語を書こう
前 ～のあちこちを	193	
副 一緒に	183	
前 ～の間に	198	
接 …するまで	191	
前 ～を超えて，越えて	194	
副 1度[回]	185	
前 ～に沿って	200	
前 ～の間に[を]	197	
副 まっすぐに	188	
副 突然，急に	190	

3 Drill 9の復習テスト

✔	単語 なぞって書く	ID	意味を書こう
	sad	165	
	sick	161	
	bright	173	
	low	169	
	glad	163	
	free	167	
	still	178	
	lucky	172	
	safe	170	
	cute	166	

✔	単語 なぞって書く	ID	意味を書こう
	even	176	
	soft	174	
	foreign	168	
	loud	175	
	dear	162	
	dark	164	
	angry	171	
	back	177	
	early	179	
	soon	180	

忘れていた単語は，p.28 の My Word List へ **GO**

✔	単語 なぞって書く	ID	意味を書こう	✔	単語 なぞって書く	ID	意味を書こう
	during	198			away	181	
	straight	188			without	195	
	suddenly	190			once	185	
	until	191			slowly	189	
	around	193			behind	199	
	ago	187			together	183	
	since	192			maybe	184	
	along	200			between	197	
	through	196			almost	182	
	else	186			over	194	

My Word List Drill **1 ～ 10**
～覚えていなかった単語～

単語	意味

単語	意味

単語	意味

単語	意味

最低「５回」は書いて絶対に覚えよう！

単語	意味	単語	意味

最低「5回」は書いて絶対に覚えよう！

熟語	1回目 意味を見て発音しながら熟語を書く		2回目 意味に合う熟語を書く	意味
201 **come from ～**				～から来ている，～に由来する；～の出身である
202 **come true**				実現する
203 **cut off ～ / cut ～ off**				～を切り取る
204 **do ［try］ *one's* best**				最善［全力］を尽くす
205 **get off （～）**				（～（乗り物など）を）降りる
206 **get on （～）**				（～（乗り物など）に）乗る
207 **get to ～**				～（場所）に到着する，達する
208 **go through ～**				～を経験する；～を通り抜ける
209 **grow up**				成長する，大人になる
210 **hear of ～**				～のことを聞き知る，～のうわさを聞く
211 **help *oneself* （to ～）**				（～を）自由にとって食べる［飲む］
212 **look for ～**				～を探す
213 **look forward to ～**				～を楽しみに待つ
214 **look like ～**				（外見が）～に似ている；～のように見える［思える］
215 **pick up ～ / pick ～ up**				～を拾い上げる；～を引き取る；～（人）を（車で）迎えに行く［来る］
216 **speak to ［with］ ～**				～（人）と話す，～に話しかける
217 **take care of ～**				～の世話をする；～に気をつける
218 **take off ～ / take ～ off**				～（衣類など）を脱ぐ；〔take offで〕離陸する
219 **take part in ～**				～に参加する
220 **think of ～**				～を思いつく；～のことを考える

熟語	1回目 意味を見て発音しながら熟語を書く	2回目 意味に合う熟語を書く	意味
221 after school			放課後に
222 all over（～）			（～の）至る所に［で］
223 all the time			いつ（で）も；その間ずっと
224 at first			最初は，初めのうちは
225 at home			在宅して；くつろいで
226 at last			ついに，やっと
227 at that time			その時に（は），当時（は）
228 at the same time			同時に
229 for a long time			長い間
230 for the first time			初めて
231 in the end			結局；最後に
232 in the future			将来
233 in this way			このようにして
234 more than ～			～より多い，～以上
235 of course			もちろん
236 on one's［the］way (to ～)			（～に行く）途中で
237 over there			あそこに［で］
238 these days			近ごろ（は）
239 a kind［sort］of ～			一種の～，～のようなもの
240 a lot of ～ / lots of ～			たくさんの～

✓	ID	訳文に合う英文になるように空欄に熟語を書こう

☐ 216 I need to (　　　　　)(　　　　) you about the problem.
　　●その問題について君と話をする必要がある。

☐ 210 I've never (　　　　　)(　　　　) such a thing.
　　●そのようなことは聞いたことがない。

☐ 205 Are we (　　　　　)(　　　　) at the next bus stop?
　　●次のバス停で降りるの？

☐ 209 He wants to be a pilot when he (　　　　　)(　　　　).
　　●彼は大人になったらパイロットになりたいと思っている。

☐ 219 She (　　　　)(　　　　)(　　　　) the event as a volunteer.
　　●彼女はボランティアとしてそのイベントに参加した。

☐ 202 I hope your dreams (　　　　　)(　　　　).
　　●あなたの夢が実現するといいですね。

☐ 211 (　　　　)(　　　　　)(　　　　) coffee and tea if you like.
　　●よろしければ，コーヒーと紅茶はご自由にとってお飲みください。

☐ 203 She (　　　　)(　　　　) her long hair.
　　●彼女は長い髪を切り取った。

☐ 215 We (　　　　　)(　　　　) cans and bottles on the street yesterday.
　　●昨日私たちは通りの缶や瓶を拾った。

☐ 207 He (　　　　)(　　　　) London last night.
　　●彼は昨晩ロンドンに到着した。

☐ 218 You don't have to (　　　　)(　　　　) your shoes here.
　　●ここでは靴を脱ぐ必要はありません。

☐ 208 He has (　　　　)(　　　　　) many troubles.
　　●彼は多くの困難を経験してきた。

☐ 213 She is (　　　　　)(　　　　　)(　　　　) seeing you.
　　●彼女はあなたに会うのを楽しみにしています。

☐ 201 All these Japanese foods (　　　　)(　　　　) China.
　　●これらの日本食はすべて中国から来ている。

☐ 220 The chef (　　　　　)(　　　　) a new idea for the dinner menu.
　　●料理長はディナーメニュー用に新しいアイデアを思いついた。

☐ 217 I'll (　　　　)(　　　　)(　　　　) your dog while you're away.
　　●あなたの留守中に私が犬の世話をしましょう。

☐ 206 Maybe we (　　　　)(　　　　) the wrong train.
　　●もしかすると私たちは間違った電車に乗ったのかもしれない。

☐ 214 My sister (　　　　) just (　　　　) me.
　　●妹は私とよく似ている。

☐ 212 I'm (　　　　)(　　　　) a present for my father.
　　●父へのプレゼントを探しています。

☐ 204 I'll (　　　　)(　　　　)(　　　　) to help them.
　　●全力を尽くして彼らを援助します。

Drill 11 の復習テスト 解答　216 speak to　210 heard of　205 getting off　209 grows up　219 took part in
202 come true　211 Help yourself to　203 cut off　215 picked up　207 got to　218 take off　208 gone through
213 looking forward to　201 came from　220 thought of　217 take care of　206 got on　214 looks like　212 looking for
204 do my best

忘れていた熟語は，p.36 の My Idiom List へ Go ▶

1 書いて記憶 [熟語番号：241～250]　　　　学習日：　　月　　日

熟語	1回目 意味を見て発音しながら熟語を書く	2回目 意味に合う熟語を書く	意味
241 *A* **such as** *B*			B のような A，A，例えば B
242 **and so on** [**forth**]			～など
243 **here is** [**are**] ～			これが～です，～をどうぞ
244 **How about** ～?			(提案・勧誘)～(して)はいかがですか；～についてはどうですか
245 **no longer** ～			もはや～ない
246 **not only** *A* **but** (**also**) *B*			A だけでなく B も
247 **so** ～ **that** ...			とても～なので…
248 **too** ～ **to** *do*			あまりに～なので…できない
249 **used to** *do* [**be** ～]			以前はよく…した [～であった]
250 **would like** [**love**] **to** *do*			…したいと思う

❷ Drill 12 の復習テスト

✓	ID	訳文に合う英文になるように空欄に熟語を書こう

☐ 227　(　　　) (　　　　　) (　　　　　), I lived in Aichi.
　　●その当時，私は愛知に住んでいた。

☐ 225　I'll be (　　　) (　　　　　) tomorrow morning.
　　●明日の午前中は家にいるよ。

☐ 238　He's very busy with his work (　　　　) (　　　　).
　　●彼は近ごろ仕事でとても忙しい。

☐ 226　(　　　) (　　　　) I've finished my report.
　　●やっとレポートを仕上げた。

☐ 224　(　　　) (　　　　　) I didn't like him, but now we're good friends.
　　●最初は彼のことが好きではなかったが，今では仲良しだ。

☐ 235　(　　　) (　　　　　) you can join our futsal club.
　　●もちろん君も私たちのフットサルクラブに加わっていいよ。

☐ 237　Look at that tower (　　　　) (　　　　).
　　●あそこにあるあの塔を見て。

☐ 232　What do you want to be (　　) (　　) (　　　　)?
　　●将来何になりたいですか。

☐ 229　She has known him (　　) (　　) (　　　) (　　　).
　　●彼女は彼と長い間知り合いだ。

☐ 234　There were (　　　　) (　　　　) 10,000 visitors on the day.
　　●その日は1万人以上の来訪者があった。

☐ 231　(　　) (　　) (　　　), they decided to travel to Hawaii.
　　●結局，彼らはハワイに旅行することにした。

☐ 239　*Haiku* is (　　) (　　　) (　　) poem.
　　●俳句は一種の詩のようなものだ。

☐ 221　Where are we going (　　　) (　　　　) today?
　　●今日の放課後はどこに行こうか。

☐ 236　I usually listen to music (　　) (　　) (　　　) (　　) school.
　　●私は学校に行く途中たいてい音楽を聞いている。

☐ 222　This video game has been played (　　　) (　　　) the world.
　　●このテレビゲームは世界中で行われてきている。

☐ 228　We arrived here (　　) (　　) (　　　) (　　　).
　　●私たちは同時にここに到着した。

☐ 233　Cut these vegetables (　　) (　　) (　　　).
　　●このようにしてこれらの野菜を切ってください。

☐ 223　He's late for the lesson (　　) (　　) (　　　).
　　●彼はいつもレッスンに遅れてくる。

☐ 230　I tried the fruit (　　) (　　) (　　　) (　　).
　　●私はその果物を初めて食べてみた。

☐ 240　We had (　　) (　　) (　　) snow last year.
　　●昨年はたくさんの雪が降った。

Drill 12 の復習テスト 解答　227 At that time　225 at home　238 these days　226 At last　224 At first
235 Of course　237 over there　232 in the future　229 for a long time　234 more than　231 In the end　239 a kind of
221 after school　236 on my way to　222 all over　228 at the same time　233 in this way　223 all the time
230 for the first time　240 a lot of

忘れていた熟語は，p.36 の My Idiom List へ **GO**➡

✔	ID	訳文に合う英文になるように空欄に熟語を書こう

☐ 247 It was (　　　) hot (　　　　　) I couldn't sleep well.
　●とても暑かったので，私はよく眠れなかった。

☐ 241 She likes ball games (　　　)(　　　) soccer and rugby.
　●彼女はサッカーやラグビーといった球技が好きだ。

☐ 245 This computer is (　　　)(　　　　　) used.
　●このコンピューターはもう使われていない。

☐ 250 I(　　)(　　)(　　) stay here again.
　●またこちらに滞在したいと思います。

☐ 249 She and I (　　　　)(　　) go to the same school.
　●彼女と私は以前同じ学校に通っていた。

☐ 244 (　　　　)(　　　　　) meeting next Sunday?
　●次の日曜に会うのはどうかな？

☐ 242 We bought cups, dishes, (　　　)(　　)(　　　).
　●私たちはカップや皿などを買った。

☐ 248 Her talk was (　　　) difficult for me (　　) understand.
　●彼女の話は私には難しすぎて理解できなかった。

☐ 246 She speaks (　　)(　　　) English (　　)(　　　) French.
　●彼女は英語だけでなくフランス語も話す。

☐ 243 (　　　　　) the book I told you about.
　●これがあなたに話した本です。

Drill 13 の復習テスト 解答　247 so that　241 such as　245 no longer　250 would['d] like to　249 used to
244 How about　242 and so on　248 too to　246 not only but also　243 Here's

My Idiom List　~覚えていなかった熟語~　Drill 11 ~ 13

熟語	意味

熟語	意味

最低「5回」は書いて絶対に覚えよう！

熟語	意味

最低「5回」は書いて絶対に覚えよう！

Section 2

単語	1回目 意味を確認して単語を書く	2回目 発音しながら単語を書く	3回目 意味に合う単語を書く	意味
251 **create** [kri(:)éɪt] クリ(ー)エイト		➡	⬇	動 を創造する
252 **base** [beɪs] ベイス		➡	⬇	動 の基礎を置く 名 土台，基底；基礎
253 **repair** [rɪpéər] リペア		➡	⬇	動 を修理[修復]する 名 修理，修復
254 **fail** [feɪl] ふェイる		➡	⬇	動 失敗する；(に)不合格になる 名 不合格
255 **accept** [əksépt] アクセプト		➡	⬇	動 を受け入れる
256 **belong** [bɪlɔ́(:)ŋ] ビろ(ー)ンヶ		➡	⬇	動 属する
257 **exchange** [ɪkstʃéɪndʒ] イクスチェインヂ		➡	⬇	動 を交換する；を取り替える；を両替する 名 交換；両替
258 **complete** [kəmplí:t] コンプリート		➡	⬇	動 を完成させる，終える 形 完全な；(叙述用法)完成した
259 **treat** [tri:t] トゥリート		➡	⬇	動 を扱う；を治療する 名 もてなし，楽しみ；(one's ~)おごり
260 **cross** [krɔ(:)s] クロ(ー)ス		➡	⬇	動 (を)横切る；(と)交差する 名 十字架
261 **hide** [haɪd] ハイド		➡	⬇	動 を隠す；隠れる
262 **shake** [ʃeɪk] シェイク		➡	⬇	動 を振る；揺れる 名 振ること
263 **challenge** [tʃǽlɪndʒ] チャれンヂ		➡	⬇	動 に挑戦する 名 (挑むべき)課題，難題；挑戦
264 **connect** [kənékt] コネクト		➡	⬇	動 をつなぐ，つながる；を関連づける
265 **reply** [rɪpláɪ] リプらイ		➡	⬇	動 返事をする；応じる；(と)答える 名 返事，応答
266 **beat** [bi:t] ビート		➡	⬇	動 を打ち負かす；(を)(連続して)打つ，たたく 名 連打の音；鼓動；拍子
267 **share** [ʃeər] シェア		➡	⬇	動 を分かち合う；を共有する，シェアする 名 株；分担；市場占有率
268 **observe** [əbzə́:rv] オブザ〜ヴ		➡	⬇	動 を観察する；に気づく
269 **mark** [mɑ:rk] マーク		➡	⬇	動 にしるしをつける；(~の日)にあたる 名 しるし；跡；記号
270 **burn** [bə:rn] バ〜ン		➡	⬇	動 を焦がす，焦げる；を燃やす，燃える 名 やけど，日焼け

❷ 記憶から引き出す

意味	ID	単語を書こう	意味	ID	単語を書こう
動 を扱う	259		動 を振る	262	
動 を完成させる，終える	258		動 (を)横切る	260	
動 を創造する	251		動 を打ち負かす	266	
動 にしるしをつける	269		動 に挑戦する	263	
動 の基礎を置く	252		動 属する	256	
動 を観察する	268		動 返事をする	265	
動 を修理[修復]する	253		動 を交換する	257	
動 を受け入れる	255		動 を隠す	261	
動 を分かち合う	267		動 をつなぐ，つながる	264	
動 失敗する	254		動 を焦がす，焦げる	270	

単語	1回目 意味を確認して単語を書く	2回目 発音しながら単語を書く	3回目 意味に合う単語を書く	意味
271 **locate** ⑦[lóukeɪt] ろウケイト		→	⇩	動 [be located で] 位置して いる；（場所・物など）を 特定する
272 **fix** [fíks] ふィックス		→	⇩	動 を修理する；を固定する； を（明確に）決める
273 **suit** 発[súːt] スート		→	⇩	動 に最適 [好都合] であ る；（人）に似合う 名 スーツ；〜着
274 **destroy** ⑦[dɪstrɔ́ɪ] ディストゥロイ		→	⇩	動 を破壊する
275 **control** 発⑦[kəntróul] コントゥロウる		→	⇩	動 を抑制する, 制御する； を支配する, 管理する 名 抑制；支配
276 **respond** [rɪspáː)nd] リスパ(ー)ンド		→	⇩	動 返答する；反応する；だ と応答する
277 **depend** [dɪpénd] ディペンド		→	⇩	動 当てにする, 頼る；〜 次第である
278 **forgive** [fərgív] ふォギヴ		→	⇩	動 を許す
279 **attack** [ətǽk] アタック		→	⇩	動 を襲う；を攻撃する 名 攻撃；発作
280 **sink** [síŋk] スィンク		→	⇩	動 沈む 名 （台所の）流し
281 **appreciate** 発⑦[əpríːʃièɪt] アプリーシエイト		→	⇩	動 に感謝する；（〜のよさ） を認める
282 **feed** [fíːd] ふィード		→	⇩	動 に食べ物 [えさ・肥料] を与える 名 えさ, 肥料
283 **success** ⑦[səksés] サクセス		→	⇩	名 成功したこと [人]；成 功
284 **mystery** [místəri] ミステリィ		→	⇩	名 謎, 未知のこと；神秘； 推理小説
285 **ceremony** 発[sérəmòuni] セレモウニィ		→	⇩	名 式典, 儀式
286 **schedule** 発⑦[skédʒuːl] スケデュ−る		→	⇩	名 予定（表）；時刻表, 時間 割 動 を予定する
287 **damage** ⑦[dǽmɪdʒ] ダメッチ		→	⇩	名 損害, 悪影響 動 に損害を与える
288 **model** [máː)dəl] マ(ー)ドゥる		→	⇩	名 型；モデル；模型；模範
289 **search** 発[sə́ːrtʃ] サ〜チ		→	⇩	名 捜索；（データの）検索 動 （を）捜す；を検索する
290 **project** ⑦[práː)dʒekt] プラ(ー)ヂェクト		→	⇩	名 計画；事業 動 を計画する；を見積もる

2 記憶から引き出す

意味	ID	単語を書こう
名 損害, 悪影響	287	
動 を修理する	272	
動 に食べ物[えさ・肥料]を与える	282	
名 捜索	289	
名 予定(表)	286	
名 成功したこと[人]	283	
動 返答する	276	
動 に最適[好都合]である	273	
動 を許す	278	
名 式典, 儀式	285	

意味	ID	単語を書こう
動 を破壊する	274	
動 沈む	280	
動 位置している	271	be　　　　　　d
名 計画	290	
名 謎, 未知のこと	284	
名 型	288	
動 を抑制する, 制御する	275	
動 に感謝する	281	
動 当てにする, 頼る	277	
動 を襲う	279	

3 Drill 14の復習テスト

✔	単語 なぞって書く	ID	意味を書こう
	cross	260	
	hide	261	
	beat	266	
	fail	254	
	complete	258	
	treat	259	
	create	251	
	challenge	263	
	exchange	257	
	base	252	

✔	単語 なぞって書く	ID	意味を書こう
	connect	264	
	accept	255	
	observe	268	
	mark	269	
	repair	253	
	belong	256	
	share	267	
	shake	262	
	reply	265	
	burn	270	

忘れていた単語は, p.70 の My Word List へ **Go**

単語	1回目 意味を確認して単語を書く	2回目 発音しながら単語を書く	3回目 意味に合う単語を書く	意味
291 **form** [fɔːrm] ふォーム		➡		名 **形態**；形；用紙 動 を形作る；を組織する
292 **scene** 発 [siːn] スィーン		➡	⬇	名 **場面**；現場；光景
293 **accident** [ǽksɪdənt] アクスィデント		➡	⬇	名 **事故**；偶然
294 **contact** ア [kɑ́(ː)ntækt] カ(ー)ンタクト		➡	⬇	名 **連絡**；接触 動 と連絡を取る
295 **image** 発 ア [ímɪdʒ] イメッヂ		➡	⬇	名 **イメージ，印象**；像， 画像
296 **trust** [trʌst] トゥラスト		➡	⬇	名 **信頼，信用** 動 を信頼[信用]する
297 **quality** 発 [kwɑ́(ː)ləti] クワ(ー)リティ		➡	⬇	名 **質，品質**；(~ties) (人の) 資質
298 **action** [ǽkʃən] アクション		➡	⬇	名 **行動**；行為
299 **lack** [læk] らック		➡	⬇	名 **不足，ないこと** 動 を欠いている
300 **spot** [spɑ(ː)t] スパ(ー)ット		➡	⬇	名 **場所**；斑点；汚点 動 を見つける
301 **truth** [truːθ] トゥルーす		➡	⬇	名 **真実，本当のこと**
302 **effort** ア [éfərt] エふォト		➡	⬇	名 **努力**；苦労
303 **type** [taɪp] タイプ		➡	⬇	名 **型，タイプ**；(one's ~)好 みのタイプの人 動 をタイプ[入力]する
304 **site** [saɪt] サイト		➡	⬇	名 (特別な用途の)**敷地，土 地**；(インターネットの) サイト
305 **tool** 発 [tuːl] トゥーる		➡	⬇	名 **手段**；道具
306 **couple** [kʌ́pl] カプる		➡	⬇	名 (同種の)**2つ，2人**；1 対，1組；カップル，夫婦
307 **hero** 発 [híːroʊ] ヒーロウ		➡	⬇	名 **ヒーロー，英雄**；(男性 の)主人公
308 **courage** 発 ア [kə́ːrɪdʒ] カ〜レッヂ		➡	⬇	名 **勇気**
309 **board** [bɔːrd] ボード		➡	⬇	名 (ある目的の)**板，掲示 板**；板(材)；委員会
310 **purpose** 発 [pə́ːrpəs] パ〜パス		➡	⬇	名 **目的，意図**

❷ 記憶から引き出す

意味	ID	単語を書こう
名 不足，ないこと	299	
名 ヒーロー，英雄	307	
名 (ある目的の)板，掲示板	309	
名 行動	298	
名 連絡	294	
名 (特別な用途の)敷地，土地	304	
名 (同種の)2つ，2人	306	
名 イメージ，印象	295	
名 型，タイプ	303	
名 質，品質	297	

意味	ID	単語を書こう
名 場面	292	
名 目的，意図	310	
名 形態	291	
名 信頼，信用	296	
名 真実，本当のこと	301	
名 努力	302	
名 場所	300	
名 勇気	308	
名 手段	305	
名 事故	293	

❸ Drill 15の復習テスト

✓	単語 なぞって書く	ID	意味を書こう
	forgive	278	
	destroy	274	
	feed	282	
	mystery	284	
	damage	287	
	sink	280	
	success	283	
	suit	273	
	control	275	
	schedule	286	

✓	単語 なぞって書く	ID	意味を書こう
	project	290	
	appreciate	281	
	attack	279	
	depend	277	
	ceremony	285	
	locate	271	
	fix	272	
	model	288	
	respond	276	
	search	289	

忘れていた単語は，p.70 の My Word List へ GO▶

45

単語	1回目 意味を確認して単語を書く	2回目 発音しながら単語を書く	3回目 意味に合う単語を書く	意味
311 **waste** 🔊 [weɪst] ウェイスト		➡		名 無駄，浪費；ごみ，廃棄物 動 を浪費する
312 **shape** [ʃeɪp] シェイプ		➡	⬇	名 形；状態；体調 動 を形作る
313 **technique** 🔊 ⑦ [tekníːk] テクニーク		➡	⬇	名 技能，技術
314 **middle** [mídl] ミドゥる		➡	⬇	名 (the ~)真ん中，中央；中間，最中 形 真ん中の；中間の
315 **spirit** [spírət] スピリット		➡	⬇	名 精神，心；魂；(~s)気分
316 **partner** [páːrtnər] パートナァ		➡	⬇	名 パートナー；仲間；配偶者，同棲者
317 **population** [pà(:)pjuléɪʃən] パ(ー)ピュれイション		➡	⬇	名 人口
318 **fever** 🔊 [fíːvər] ふィーヴァ		➡	⬇	名 熱，発熱；興奮，熱狂
319 **method** [méθəd] メそッド		➡	⬇	名 方法
320 **structure** [stráktʃər] ストゥラクチャ		➡	⬇	名 構造；構造物
321 **background** ⑦ [bǽkgràund] バックグラウンド		➡	⬇	名 経歴，生い立ち；背景事情；背景
322 **combination** [kà(:)mbɪnéɪʃən] カ(ー)ンビネイション		➡	⬇	名 組み合わせ，結合
323 **official** ⑦ [əfíʃəl] オふィシャる		➡	⬇	形 公式の；公の，職務(上)の 名 公務員
324 **flat** [flæt] フらット		➡	⬇	形 平らな，起伏のない；空気の抜けた 副 平らに
325 **serious** 🔊 [síəriəs] スィ(ア)リアス		➡	⬇	形 深刻な；まじめな；本気の
326 **ordinary** ⑦ [ɔ́ːrdənèri] オーディネリィ		➡	⬇	形 普通の；ありふれた
327 **private** 🔊 ⑦ [práɪvət] プライヴェット		➡	⬇	形 私的な，個人的な；私立の；秘密の
328 **major** 🔊 [méɪdʒər] メイヂャ		➡	⬇	形 重大な；主要な；大きい方の　名 (大学での)専攻(科目) 動 (major in ~で)を専攻する
329 **classical** [klǽsɪkəl] クらスィカる		➡	⬇	形 クラシックの；古典的な
330 **honest** 🔊 [á(:)nəst] ア(ー)ネスト		➡	⬇	形 正直な；率直な

❷ 記憶から引き出す

意味	ID	単語を書こう
名 経歴, 生い立ち	321	
形 クラシックの	329	
名 人口	317	
形 重大な	328	
形 正直な	330	
名 構造	320	
形 公式の	323	
名 形	312	
形 深刻な	325	
名 精神, 心	315	

意味	ID	単語を書こう
名 無駄, 浪費	311	
名 熱, 発熱	318	
名 技能, 技術	313	
形 私的な, 個人的な	327	
名 パートナー	316	
形 普通の	326	
名 組み合わせ, 結合	322	
名 方法	319	
形 平らな, 起伏のない	324	
名 真ん中, 中央	314	

❸ Drill 16の復習テスト

✓	単語 なぞって書く	ID	意味を書こう
	truth	301	
	scene	292	
	hero	307	
	tool	305	
	accident	293	
	site	304	
	couple	306	
	effort	302	
	purpose	310	
	form	291	

✓	単語 なぞって書く	ID	意味を書こう
	image	295	
	board	309	
	lack	299	
	trust	296	
	quality	297	
	spot	300	
	contact	294	
	courage	308	
	action	298	
	type	303	

忘れていた単語は, p.70 の My Word List へ GO→

単語	1回目 意味を確認して単語を書く	2回目 発音しながら単語を書く	3回目 意味に合う単語を書く	意味
331 **excellent** [éksələnt] エクセれント				形 **とても優れた**；すばらしい；（承諾の返答で）大変結構だ
332 **whole** [houl] ホウる				形 **全体の** 名 全体
333 **central** [séntrəl] セントゥらる				形 **中心(部)の**；中心的な
334 **ancient** 発 [éinʃənt] エインシェント				形 **古代の**
335 **fantastic** [fæntǽstik] ふァン**タ**スティック				形 **とてもすばらしい**；空想的な
336 **regular** [régjulər] レギュらァ				形 **定期的な**；規則正しい；通常の；普通サイズの 名 レギュラー選手
337 **basic** [béisik] ベイスィック				形 **基本的な，初歩的な**；重要な，基礎となる 名 (~s)基本，初歩
338 **huge** [hju:dʒ] ヒューヂ				形 **巨大な**；莫[ばく]大な
339 **empty** [émpti] エン(プ)ティ				形 **空[から]の，空いている** 動 を空にする
340 **smart** [smɑːrt] スマート				形 **頭のよい，賢い**
341 **general** [dʒénərəl] ヂェネラる				形 **大まかな**；一般的な；全般的な
342 **single** [síŋgl] スィングる				形 **たった1つ[1人]の**；個々の；独身の
343 **responsible** [rispá(:)nsəbl] リスパ(ー)ンスィブる				形 **責任のある**
344 **fresh** [freʃ] ふレッシ				形 **新鮮な，できたての**；斬新な；すがすがしい
345 **familiar** アク [fəmíljər] ふァミリャ				形 **熟知している**；よく知られている；親しい
346 **native** [néitiv] ネイティヴ				形 **出生地の，母国の**；その土地固有の
347 **instant** アク [ínstənt] インスタント				形 **即席の**；即時の 名 瞬間，即時
348 **lovely** [lʌ́vli] らヴリィ				形 **すてきな，すばらしい**；美しい
349 **clear** [kliər] クリア				形 **明白な，はっきりした**；澄んだ；晴れた 動 を片付ける
350 **convenient** [kənví:niənt] コンヴィーニエント				形 **都合のよい，便利な**

2 記憶から引き出す

	意味	ID	単語を書こう
形	基本的な，初歩的な	337	
形	責任のある	343	
形	とても優れた	331	
形	明白な，はっきりした	349	
形	熟知している	345	
形	頭のよい，賢い	340	
形	中心（部）の	333	
形	即席の	347	
形	空の，空いている	339	
形	全体の	332	

	意味	ID	単語を書こう
形	古代の	334	
形	すてきな，すばらしい	348	
形	出生地の，母国の	346	
形	巨大な	338	
形	定期的な	336	
形	たった1つ[1人]の	342	
形	新鮮な，できたての	344	
形	大まかな	341	
形	都合のよい，便利な	350	
形	とてもすばらしい	335	

3 Drill 17 の復習テスト

✓	単語 なぞって書く	ID	意味を書こう
	partner	316	
	fever	318	
	flat	324	
	structure	320	
	background	321	
	honest	330	
	official	323	
	waste	311	
	combination	322	
	private	327	

✓	単語 なぞって書く	ID	意味を書こう
	technique	313	
	serious	325	
	population	317	
	major	328	
	classical	329	
	ordinary	326	
	middle	314	
	spirit	315	
	shape	312	
	method	319	

忘れていた単語は，p.70 の My Word List へ Go▶

1 書いて記憶 [単語番号：351〜370]

学習日：　　月　　日

単語	1回目 意味を確認して単語を書く	2回目 発音しながら単語を書く	3回目 意味に合う単語を書く	意味
351 **crazy** [kréɪzi] クレイズィ				形 夢中で；ばかげた；いらいらして
352 **funny** [fʌ́ni] ふァニィ				形 おかしい，滑稽な；奇妙な
353 **secret** [síːkrət] スィークレット				形 秘密の 名 秘密；秘訣[⁵]
354 **remote** [rɪmóʊt] リモウト				形 (距離的・時間的に) (遠く)離れた；かけ離れた 名 リモコン
355 **wake** [weɪk] ウェイク				動 目を覚ます；を目覚めさせる
356 **release** [rɪlíːs] リリース				動 を解放する；を公表[公開]する；を(新しく)発売する 名 解放；公表，公開
357 **establish** ⑦ [ɪstæblɪʃ] イスタブリッシ				動 を設立[創立]する；(関係)を築く
358 **examine** ❀ [ɪgzǽmɪn] イグザミン				動 を調べる；を検査する
359 **celebrate** ⑦ [séləbrèɪt] セれブレイト				動 を祝う
360 **float** [floʊt] ふろウト				動 (水面・空中を)漂う；浮く

単語	1回目	2回目	3回目	意味
361 **recommend** ⑦ [rèkəménd] レコメンド				動 を推薦する
362 **supply** ❀ [səpláɪ] サプらイ				動 を供給する 名 供給(量)；[supplies で]必需品，〜用品
363 **disappear** [dìsəpíər] ディサピア				動 見えなくなる；消滅する
364 **apologize** ⑦ [əpá(ː) lədʒàɪz] アパ(ー)ろヂャイズ				動 謝る
365 **paint** [peɪnt] ペイント				動 を塗る；を描く 名 ペンキ，絵の具
366 **pull** [pʊl] プる				動 (を)引く，引っ張る
367 **print** [prɪnt] プリント				動 (を)印刷する；を出版する 名 印刷(物)
368 **lift** [lɪft] りふト				動 を持ち上げる；(持ち)上がる 名 持ち上げること；上昇
369 **separate** ❀ [sépərèɪt] セパレイト				動 を分ける；を区別する；を引き離す；別れる 形 ◀発音▶ 離れた；別個の
370 **melt** [melt] メるト				動 を溶かす，溶ける

❷ 記憶から引き出す

意味	ID	単語を書こう		意味	ID	単語を書こう
動 を推薦する	361			動 を溶かす，溶ける	370	
動 謝る	364			形 秘密の	353	
形 （距離的・時間的に）（遠く）離れた	354			動 を調べる	358	
動 を持ち上げる	368			動 を塗る	365	
形 おかしい，滑稽な	352			動 見えなくなる	363	
動 （を）印刷する	367			動 を解放する	356	
動 （水面・空中を）漂う	360			動 を供給する	362	
動 を設立［創立］する	357			動 目を覚ます	355	
動 （を）引く，引っ張る	366			動 を分ける	369	
動 を祝う	359			形 夢中で	351	

❸ Drill 18の復習テスト

✔	単語 なぞって書く	ID	意味を書こう		✔	単語 なぞって書く	ID	意味を書こう
	excellent	331				fresh	344	
	responsible	343				lovely	348	
	familiar	345				general	341	
	whole	332				ancient	334	
	basic	337				huge	338	
	instant	347				convenient	350	
	single	342				clear	349	
	regular	336				smart	340	
	native	346				fantastic	335	
	central	333				empty	339	

忘れていた単語は，p.70 の My Word List へ Go➡

単語	1回目 意味を確認して単語を書く	2回目 発音しながら単語を書く	3回目 意味に合う単語を書く	意味
371 **strike** [straɪk] ストゥライク		⇒	⇓	動 を**強く打つ, ぶつける**；当たる；(を)(突然)襲う 名 ストライキ；打つこと
372 **blow** [bloʊ] ブロウ		⇒	⇓	動 を**吹き飛ばす**；風で飛ぶ；(風が)吹く 名 打撃；強打
373 **let** [let] れット		⇒	⇓	動 …**させてやる, …するのを許可する**；(let's do で)…しよう
374 **roll** [roʊl] ロウる		⇒	⇓	動 **転がる, を転がす**；を巻く 名 巻いた物；回転
375 **recover** [rɪkʌ́vər] リカヴァ		⇒	⇓	動 **回復する**；を取り戻す
376 **surround** [səráʊnd] サラウンド		⇒	⇓	動 を**囲む, 取り囲む**
377 **doubt** 発 [daʊt] ダウト		⇒	⇓	動 を**疑う** 名 疑い
378 **display** [dɪspléɪ] ディスプれイ		⇒	⇓	動 を**展示[陳列]する**；(感情・性質など)を表す 名 展示；(感情などの)表れ
379 **announce** ア [ənáʊns] アナウンス		⇒	⇓	動 を**発表する**；だと(大声で)告げる, アナウンスする
380 **support** [səpɔ́ːrt] サポート		⇒	⇓	動 を**支持する**；を支援する；を支える 名 支持；支え
381 **act** [ækt] アクト		⇒	⇓	動 **行動する**；振る舞う；(を)演じる 名 行為；(劇の)幕
382 **repeat** [rɪpíːt] リピート		⇒	⇓	動 を**繰り返して言う[書く]**；を繰り返す；(を)復唱する
383 **count** [kaʊnt] カウント		⇒	⇓	動 (を)**数える**；重要である 名 数えること, 計算
384 **compare** [kəmpéər] コンペア		⇒	⇓	動 を**比べる**
385 **shine** [ʃaɪn] シャイン		⇒	⇓	動 **輝く**；を磨く
386 **replace** [rɪpléɪs] リプれイス		⇒	⇓	動 に**取って代わる**；を取り替える
387 **reality** ア [riǽləti] リアリティ		⇒	⇓	名 **現実**；現実の物
388 **strength** 発 [streŋkθ] ストゥレンクす		⇒	⇓	名 **力**；強さ
389 **era** [íərə] イ(ア)ラ		⇒	⇓	名 **時代**
390 **area** 発 [éəriə] エ(ア)リア		⇒	⇓	名 **地域, 区域**；領域, 分野

2 記憶から引き出す

意味	ID	単語を書こう
動 行動する	381	
名 力	388	
動 を発表する	379	
動 …させてやる，…するのを許可する	373	
動 回復する	375	
動 (を)数える	383	
名 現実	387	
動 を比べる	384	
動 を展示[陳列]する	378	
動 転がる，を転がす	374	

意味	ID	単語を書こう
動 を囲む，取り囲む	376	
動 を強く打つ，ぶつける	371	
動 を吹き飛ばす	372	
名 時代	389	
動 に取って代わる	386	
動 を疑う	377	
動 輝く	385	
動 を支持する	380	
動 を繰り返して言う[書く]	382	
名 地域，区域	390	

3 Drill 19の復習テスト

✔	単語 なぞって書く	ID	意味を書こう
	examine	358	
	paint	365	
	recommend	361	
	crazy	351	
	supply	362	
	disappear	363	
	remote	354	
	pull	366	
	print	367	
	separate	369	

✔	単語 なぞって書く	ID	意味を書こう
	float	360	
	funny	352	
	celebrate	359	
	release	356	
	apologize	364	
	wake	355	
	secret	353	
	lift	368	
	establish	357	
	melt	370	

忘れていた単語は，p.70 の My Word List へ GO ▶

単語	1回目 意味を確認して単語を書く	2回目 発音しながら単語を書く	3回目 意味に合う単語を書く	意味
391 **respect** [rɪspékt] リスペクト		➡	⬇	名 **尊敬**；箇所，点 動 を尊敬する
392 **pressure** [préʃər] プレシャ		➡	⬇	名 **重圧**；圧力
393 **pleasure** [pléʒər] プれジャ		➡	⬇	名 **喜び，楽しみ**
394 **favor** [féɪvər] ふェイヴァ		➡	⬇	名 **親切な行為**，手助け；支持 動 を支持する
395 **statue** [stǽtʃuː] スタチュー		➡	⬇	名 **像**
396 **limit** [límət] リミット		➡	⬇	名 **限度，限界**；制限 動 を制限する
397 **bottom** [bá(ː)təm] バ(ー)トム		➡	⬇	名 **下部，底**
398 **position** [pəzíʃən] ポズィション		➡	⬇	名 **立場**；位置；姿勢；職
399 **memory** [méməri] メモリィ		➡	⬇	名 **記憶(力)**；思い出
400 **level** [lévəl] れヴ(ェ)る		➡	⬇	名 **水準，レベル**；程度；(ある基準点からの)高さ 形 水平な 動 を平らにする
401 **figure** [fígjər] ふィギャ		➡	⬇	名 (通例~s)**数(値)**；数字；姿；図 動 だと考える；を理解する
402 **direction** [dərékʃən] ディレクション		➡	⬇	名 **方向**；方針；(~s)指示，説明書
403 **bit** [bɪt] ビット		➡	⬇	名 **少し，少量**
404 **contrast** [ká(ː)ntræst] カ(ー)ントゥラスト		➡	⬇	名 **対比，差異**；(画像・明暗などの)コントラスト 動 対照をなす；を対比させる
405 **religion** [rɪlídʒən] リリヂョン		➡	⬇	名 **宗教**
406 **harmony** [háːrməni] ハーモニィ		➡	⬇	名 **調和，一致**
407 **pattern** [pǽtərn] パタン		➡	⬇	名 **模様，図柄**；パターン，型
408 **stage** [steɪdʒ] ステイヂ		➡	⬇	名 **段階**；舞台
409 **degree** [dɪɡríː] ディグリー		➡	⬇	名 **程度**；(温度・経緯度などの)度；学位
410 **emergency** [ɪmə́ːrdʒənsi] イマ～ヂェンスィ		➡	⬇	名 **緊急(事態)**

② 記憶から引き出す

意味	ID	単語を書こう
名 方向	402	
名 模様, 図柄	407	
名 下部, 底	397	
名 宗教	405	
名 像	395	
名 程度	409	
名 緊急(事態)	410	
名 数(値)	401	
名 記憶(力)	399	
名 段階	408	

意味	ID	単語を書こう
名 尊敬	391	
名 親切な行為, 手助け	394	
名 限度, 限界	396	
名 調和, 一致	406	
名 少し, 少量	403	
名 重圧	392	
名 水準, レベル	400	
名 喜び, 楽しみ	393	
名 対比, 差異	404	
名 立場	398	

③ Drill 20 の復習テスト

✔	単語 なぞって書く	ID	意味を書こう
	strike	371	
	announce	379	
	area	390	
	support	380	
	reality	387	
	compare	384	
	let	373	
	strength	388	
	doubt	377	
	count	383	

✔	単語 なぞって書く	ID	意味を書こう
	era	389	
	surround	376	
	recover	375	
	blow	372	
	repeat	382	
	act	381	
	replace	386	
	roll	374	
	shine	385	
	display	378	

忘れていた単語は, p.70 の My Word List へ **GO**

単語	1回目 意味を確認して単語を書く	2回目 発音しながら単語を書く		3回目 意味に合う単語を書く	意味
411 **origin** ㋒[ɔ́(:)rɪdʒɪn] **オ**(ー)リヂン			➡	⬇	图 **起源**；(の)生まれ，家系
412 **battle** [bǽtl] **バ**トゥる			➡	⬇	图 **戦闘**；闘争 動 戦う
413 **enemy** [énəmi] **エ**ネミィ			➡	⬇	图 **敵**
414 **note** [noʊt] **ノ**ウト			➡	⬇	图 **メモ，覚書**；短信；注釈 動 に注意を払う
415 **countryside** [kʌ́ntrisàɪd] **カ**ントゥリィサイド			➡	⬇	图 **田舎**
416 **contest** ㋒[kɑ́(:)ntest] **カ**(ー)ンテスト			➡	⬇	图 **競技(会)，コンテスト** 動 《翻》を(得ようと)争う，競う
417 **sort** [sɔːrt] **ソ**ート			➡	⬇	图 **種類**
418 **depth** [depθ] **デプ**す			➡	⬇	图 **深さ**；奥行き
419 **top** [tɑ(:)p] **タ**(ー)ップ			➡	⬇	图 **最高部，頂上**；最高位 形 最高(位)の
420 **theme** ㋔[θiːm] **す**ィーム			➡	⬇	图 **テーマ，主題**
421 **sentence** [séntəns] **セ**ンテンス			➡	⬇	图 **文**；判決；刑
422 **cycle** [sáɪkl] **サ**イクる			➡	⬇	图 **周期**；循環 動 圏 自転車に乗る
423 **concept** ㋒[kɑ́(:)nsèpt] **カ**(ー)ンセプト			➡	⬇	图 **概念**
424 **rhythm** ㋔[ríðm] **リ**ずム			➡	⬇	图 **リズム**
425 **tradition** ㋒[trədíʃən] トゥラ**ディ**ション			➡	⬇	图 **伝統**；しきたり
426 **theory** [θíːəri] **す**ィーオリィ			➡	⬇	图 **理論**，説，学説
427 **correct** [kərékt] コ**レ**クト			➡	⬇	形 **正しい**；適切な 動 を訂正する
428 **blank** [blæŋk] **ブ**ランク			➡	⬇	形 **白紙の，空白の**，空[欄]の 图 空欄，空所
429 **quiet** [kwáɪət] **ク**ワイエット			➡	⬇	形 **静かな**；平穏な，人気[気配]のない
430 **smooth** ㋔[smuːð] **ス**ムーず			➡	⬇	形 **滑らかな，すべすべした**；平らな；円滑な 動 を滑らかにする，平らにする

2 記憶から引き出す

意味	ID	単語を書こう
形 静かな	429	
名 敵	413	
名 理論	426	
名 概念	423	
名 伝統	425	
名 周期	422	
形 滑らかな, すべすべした	430	
名 戦闘	412	
名 文	421	
名 競技(会), コンテスト	416	

意味	ID	単語を書こう
名 田舎	415	
形 白紙の, 空白の, 空の	428	
形 正しい	427	
名 起源	411	
名 テーマ, 主題	420	
名 最高部, 頂上	419	
名 リズム	424	
名 種類	417	
名 メモ, 覚書	414	
名 深さ	418	

3 Drill 21 の復習テスト

✔	単語 なぞって書く	ID	意味を書こう
	figure	401	
	religion	405	
	stage	408	
	direction	402	
	level	400	
	pressure	392	
	contrast	404	
	favor	394	
	respect	391	
	statue	395	

✔	単語 なぞって書く	ID	意味を書こう
	degree	409	
	bit	403	
	limit	396	
	pleasure	393	
	position	398	
	emergency	410	
	memory	399	
	bottom	397	
	harmony	406	
	pattern	407	

忘れていた単語は, p.70 の My Word List へ GO▶

単語	1回目 意味を確認して単語を書く	2回目 発音しながら単語を書く	3回目 意味に合う単語を書く	意味
431 **wet** [wet] ウェット		⇒	⬇	形 濡[ぬ]れた，湿った；雨降りの 動 を濡らす
432 **chief** [tʃiːf] チーふ		⇒	⬇	形 最高(位)の；主要な 名 (組織の)長
433 **raw** 発 [rɔː] ロー		⇒	⬇	形 生の；加工[処理]されていない
434 **personal** [póːrsənəl] パ〜スヌる		⇒	⬇	形 個人の，個人的な
435 **double** 発 [dʌ́bl] ダブる		⇒	⬇	形 2倍の；二重の；二人用の 動 を2倍にする；2倍になる 副 2倍に　名 2倍
436 **dirty** [dɔ́ːrti] ダ〜ティ		⇒	⬇	形 汚れた；不正な
437 **normal** [nɔ́ːrməl] ノーマる		⇒	⬇	形 普通の；標準の 名 標準
438 **full** [fʊl] ふる		⇒	⬇	形 いっぱいの；満腹の
439 **simple** [símpl] スィンプる		⇒	⬇	形 簡単な；質素な
440 **equal** 発 ⑦ [íːkwəl] イークワる		⇒	⬇	形 等しい，同等の；平等の 動 に等しい；に匹敵する
441 **quick** 発 [kwɪk] クウィック		⇒	⬇	形 短時間の；素早い；即時の
442 **rapid** [rǽpɪd] ラピッド		⇒	⬇	形 急速な；素早い
443 **ideal** 発 ⑦ [aɪdíːəl] アイディー(ア)る		⇒	⬇	形 理想的な 名 理想
444 **rough** 発 [rʌf] ラふ		⇒	⬇	形 大まかな；粗い；乱暴な 副 荒っぽく 名 下描き
445 **silent** [sáɪlənt] サイれント		⇒	⬇	形 無言の；静かな
446 **violent** [váɪələnt] ヴァイオれント		⇒	⬇	形 暴力的な，乱暴な；激しい
447 **rich** [rɪtʃ] リッチ		⇒	⬇	形 豊富な；金持ちの
448 **perfect** ⑦ [póːrfɪkt] パ〜ふェクト		⇒	⬇	形 完全な，完璧な；最適の，うってつけの
449 **weak** [wiːk] ウィーク		⇒	⬇	形 弱い，弱った；不得手な；(味の)薄い
450 **upper** [ʌ́pər] アパァ		⇒	⬇	形 上の[高い]方の；上位の

② 記憶から引き出す

意味	ID	単語を書こう
形 いっぱいの	438	
形 豊富な	447	
形 完全な，完璧な	448	
形 急速な	442	
形 簡単な	439	
形 無言の	445	
形 個人の，個人的な	434	
形 理想的な	443	
形 最高(位)の	432	
形 大まかな	444	

意味	ID	単語を書こう
形 短時間の	441	
形 等しい，同等の	440	
形 汚れた	436	
形 濡れた，湿った	431	
形 弱い，弱った	449	
形 上の[高い]方の	450	
形 普通の	437	
形 暴力的な，乱暴な	446	
形 生の	433	
形 2倍の	435	

③ Drill22の復習テスト

✓	単語 なぞって書く	ID	意味を書こう
	battle	412	
	note	414	
	origin	411	
	quiet	429	
	top	419	
	smooth	430	
	concept	423	
	tradition	425	
	correct	427	
	cycle	422	

✓	単語 なぞって書く	ID	意味を書こう
	sentence	421	
	enemy	413	
	blank	428	
	countryside	415	
	depth	418	
	rhythm	424	
	theme	420	
	theory	426	
	contest	416	
	sort	417	

忘れていた単語は，p.70 の My Word List へ **Go**▶

単語	1回目 意味を確認して単語を書く	2回目 発音しながら単語を書く	3回目 意味に合う単語を書く	意味
451 **inner** [ínər] イナァ		➡	⬇	形 内部の，中心部の
452 **awful** 発[ɔ́ːfəl] オーふる		➡	⬇	形 ひどい；すさまじい
453 **false** [fɔ́ːls] ふォーるス		➡	⬇	形 間違った；本物でない，偽の
454 **vivid** [vívɪd] ヴィヴィッド		➡	⬇	形 鮮やかな
455 **pure** [pjʊər] ピュア		➡	⬇	形 純粋な；汚れていない
456 **minor** [máɪnər] マイナァ		➡	⬇	形 (比較的)重要ではない，小さい方の 名 未成年者
457 **mild** [maɪld] マイるド		➡	⬇	形 (天候が)穏やかな，温暖な；(味が)まろやかな
458 **admire** [ədmáɪər] アドマイア		➡	⬇	動 を賞賛する，に感嘆する；に見とれる
459 **drop** [drɑ(ː)p] ドゥラ(ー)ップ		➡	⬇	動 を落とす；落ちる 名 しずく；一滴；(数・量の)下落
460 **reflect** [rɪflékt] リふれクト		➡	⬇	動 を映し出す；を反射する；を熟考する
461 **dig** [dɪg] ディッグ		➡	⬇	動 (を)掘る；を掘り出す
462 **beg** [beg] ベッグ		➡	⬇	動 (を)懇願する
463 **freeze** [friːz] ふリーズ		➡	⬇	動 凍る；を凍らせる
464 **adopt** [ədɑ́(ː)pt] アダ(ー)プト		➡	⬇	動 (考え・提案など)を採用する；を養子にする
465 **measure** 発[méʒər] メジャ		➡	⬇	動 を測る；(の)寸法がある 名 基準；措置；計量単位
466 **flow** [floʊ] ふろウ		➡	⬇	動 流れる 名 流れ(ること)
467 **fulfill** ⑦[fʊlfíl] ふるふィる		➡	⬇	動 を実現させる；(要求・必要など)を満たす；(役割)を果たす
468 **deliver** [dɪlívər] ディリヴァ		➡	⬇	動 を配達する；(演説・講演など)をする
469 **wrap** 発[ræp] ラップ		➡	⬇	動 を包む；を巻く 名 包み；ラップ；ショール
470 **knock** 発[nɑ(ː)k] ナ(ー)ック		➡	⬇	動 ノックする；にぶつける[ぶつかる] 名 ノック(の音)

❷ 記憶から引き出す

意味	ID	単語を書こう	意味	ID	単語を書こう
形 (比較的)重要ではない, 小さい方の	456		形 鮮やかな	454	
動 を映し出す	460		動 (を)掘る	461	
動 を包む	469		動 (を)懇願する	462	
動 を配達する	468		形 (天候が) 穏やかな, 温暖な	457	
形 内部の, 中心部の	451		形 ひどい	452	
形 間違った	453		形 純粋な	455	
動 流れる	466		動 ノックする	470	
動 を実現させる	467		動 (考え・提案など) を採用する	464	
動 を測る	465		動 凍る	463	
動 を賞賛する, に感嘆する	458		動 を落とす	459	

❸ Drill 23 の復習テスト

✔	単語 なぞって書く	ID	意味を書こう	✔	単語 なぞって書く	ID	意味を書こう
	full	438			rapid	442	
	chief	432			raw	433	
	dirty	436			weak	449	
	violent	446			normal	437	
	upper	450			quick	441	
	silent	445			rough	444	
	equal	440			perfect	448	
	double	435			ideal	443	
	wet	431			simple	439	
	personal	434			rich	447	

忘れていた単語は, p.70 の My Word List へ **Go ▶**

単語	1回目 意味を確認して単語を書く	2回目 発音しながら単語を書く	3回目 意味に合う単語を書く	意味
471 **spell** [spel] スペる				動 をつづる 名 呪文；魔法
472 **rush** [rʌʃ] ラッシ				動 急いで行く；をせきたてる 名 慌ただしさ；混雑時
473 **pray** 発 [preɪ] プレイ				動 切に願う；祈る
474 **reject** ア [rɪdʒékt] リヂェクト				動 を拒絶する
475 **protest** 発 ア [prətést] プロテスト				動 抗議する, 異議を唱える 名 発別 抗議, 異議
476 **handle** [hǽndl] ハンドゥる				動 を扱う, 処理する；に手を触れる 名 取っ手
477 **disturb** [dɪstə́ːrb] ディスタ～ブ				動 を邪魔する；(平穏など)を乱す
478 **gather** [gǽðər] ギャざァ				動 を集める；集まる
479 **copy** [kɑ́(ː)pi] カ(ー)ピィ				動 の写しをとる, コピーする；をまねる 名 写し, コピー；複製
480 **press** [pres] プレス				動 (を)押す, (を)押しつける 名 [the ～]報道機関；新聞；報道陣
481 **consist** ア [kənsíst] コンスィスト				動 成り立つ；ある
482 **assist** [əsíst] アスィスト				動 を手助けする 名 (得点の)アシスト
483 **kick** [kɪk] キック				動 を蹴る 名 蹴ること；キック
484 **link** [lɪŋk] リンク				動 を結びつける, 関連づける 名 つながり, 関連
485 **adjust** [ədʒʌ́st] アヂャスト				動 順応[適応]する；を調整する
486 **defend** [dɪfénd] ディふェンド				動 を守る
487 **shut** [ʃʌt] シャット				動 を閉める, 閉じる
488 **bear** 発 [beər] ベア				動 に耐える；(重さ・負荷)を支える；(子)を産む 名 クマ
489 **task** [tæsk] タスク				名 (するべき)仕事, (困難な)作業, 課題
490 **hug** [hʌg] ハッグ				名 ハグ, 抱擁 動 (を)抱きしめる

62

② 記憶から引き出す

意味	ID	単語を書こう
動 を閉める，閉じる	487	
動 を扱う，処理する	476	
名 (するべき)仕事，(困難な)作業，課題	489	
動 抗議する，異議を唱える	475	
動 に耐える	488	
動 を守る	486	
名 ハグ，抱擁	490	
動 を結びつける，関連づける	484	
動 を邪魔する	477	
動 (を)押す，(を)押しつける	480	

意味	ID	単語を書こう
動 急いで行く	472	
動 切に願う	473	
動 を集める	478	
動 の写しをとる，コピーする	479	
動 を拒絶する	474	
動 を手助けする	482	
動 成り立つ	481	
動 をつづる	471	
動 を蹴る	483	
動 順応[適応]する	485	

③ Drill 24の復習テスト

✔	単語 なぞって書く	ID	意味を書こう
	wrap	469	
	freeze	463	
	pure	455	
	knock	470	
	vivid	454	
	inner	451	
	reflect	460	
	awful	452	
	drop	459	
	deliver	468	

✔	単語 なぞって書く	ID	意味を書こう
	dig	461	
	adopt	464	
	fulfill	467	
	minor	456	
	measure	465	
	mild	457	
	beg	462	
	flow	466	
	false	453	
	admire	458	

忘れていた単語は，p.70 の My Word List へ **GO▶**

単語	1回目 意味を確認して単語を書く	2回目 発音しながら単語を書く	3回目 意味に合う単語を書く	意味
491 **clue** [kluː] クるー		➡		图 手がかり；ヒント
492 **percent** [pərsént] パセント		➡	⬇	图 パーセント 形 ～パーセントの 副 ～パーセント（だけ）
493 **dozen** 発 [dázən] ダズン		➡	⬇	图 1ダース，12；(~s) たくさん
494 **ghost** [goʊst] ゴウスト		➡	⬇	图 幽霊
495 **error** [érər] エラァ		➡	⬇	图 誤り
496 **trend** [trend] トゥレンド		➡	⬇	图 流行；傾向，動向
497 **thought** 発 [θɔːt] そート		➡	⬇	图 考え，思いつき；(one's ~s) 意見，の考え；考えること
498 **alarm** [əlάːrm] アらーム		➡	⬇	图 警報（装置）；目覚まし 時計；恐怖 動 を不安にさせる
499 **sample** [sǽmpl] サンプる		➡	⬇	图 見本，試供品
500 **shadow** [ʃǽdoʊ] シャドウ		➡	⬇	图 (人・物の)影，陰
501 **shade** [ʃeɪd] シェイド		➡	⬇	图 陰，日陰
502 **standard** ⑦ [stǽndərd] スタンダド		➡	⬇	图 基準，標準 形 標準の
503 **hunger** [hʌ́ŋgər] ハンガァ		➡	⬇	图 飢え；空腹(感)
504 **appeal** [əpíːl] アピーる		➡	⬇	图 訴え，要求；魅力 動 訴える；懇願する
505 **harm** [hɑːrm] ハーム		➡	⬇	图 害，危害；悪意 動 を害する，傷つける
506 **pile** [paɪl] パイる		➡	⬇	图 (同種のものの)山 動 を積み重ねる
507 **plenty** [plénti] プれンティ		➡	⬇	图 たくさん
508 **edge** [edʒ] エッヂ		➡	⬇	图 端，縁；刃
509 **poison** [pɔ́ɪzən] ポイズン		➡	⬇	图 毒；害悪 動 を汚染する；に悪影響を与える；に毒を盛る
510 **scale** 発 [skeɪl] スケイる		➡	⬇	图 規模；段階，基準；目盛り 動 の大きさを変える

☑ 記憶から引き出す

意味	ID	単語を書こう
名 端, 縁	508	
名 考え, 思いつき	497	
名 (人・物の)影, 陰	500	
名 (同種のものの)山	506	
名 基準, 標準	502	
名 パーセント	492	
名 飢え	503	
名 警報(装置)	498	
名 たくさん	507	
名 誤り	495	

意味	ID	単語を書こう
名 見本, 試供品	499	
名 幽霊	494	
名 規模	510	
名 1 ダース, 12	493	
名 手がかり	491	
名 訴え, 要求	504	
名 流行	496	
名 毒	509	
名 害, 危害	505	
名 陰, 日陰	501	

☑ Drill 25 の復習テスト

✔	単語 なぞって書く	ID	意味を書こう
	protest	475	
	link	484	
	task	489	
	copy	479	
	hug	490	
	consist	481	
	gather	478	
	assist	482	
	defend	486	
	pray	473	

✔	単語 なぞって書く	ID	意味を書こう
	reject	474	
	disturb	477	
	rush	472	
	shut	487	
	adjust	485	
	handle	476	
	spell	471	
	press	480	
	bear	488	
	kick	483	

忘れていた単語は, p.70 の My Word List へ **Go**

単語	1回目 意味を確認して単語を書く	2回目 発音しながら単語を書く	3回目 意味に合う単語を書く	意味
511 **section** [sékʃən] セクション		➡		图 節；区分；部門
512 **attempt** [ətémpt] アテン(プ)ト		➡	⬇	图 試み 動 を試みる
513 **merit** [mérət] メリット		➡	⬇	图 長所，利点
514 **trick** [trɪk] トゥリック		➡	⬇	图 いたずら：たくらみ；手 品；トリック 動 をだます
515 **second** ⑦[sékənd] セカンド		➡	⬇	图 少しの間：秒 形 第2の，2番目の 副 第2に
516 **medium** ⑧[míːdiəm] ミーディアム		➡	⬇	图 媒体，手段：情報伝達手 段 形 中間の，中くらいの
517 **unit** [júːnɪt] ユーニット		➡	⬇	图 単位；単元
518 **ambition** [æmbíʃən] アンビション		➡	⬇	图 (強い)願望；野心
519 **midnight** ⑦[mídnàit] ミッドナイト		➡	⬇	图 夜の12時
520 **power** [páuər] パウア		➡	⬇	图 力；能力；エネルギー； 電力
521 **principle** [prínsəpəl] プリンスィプる		➡	⬇	图 信条；原理
522 **vision** [víʒən] ヴィジョン		➡	⬇	图 展望，理想像：視力
523 **quarter** ⑧[kwɔ́ːrtər] クウォータァ		➡	⬇	图 4分の1：15分
524 **luck** [lʌk] らック		➡	⬇	图 運；幸運
525 **quantity** [kwá(ː)ntəti] クワ(ー)ンティティ		➡	⬇	图 分量，数量：量；多量， 多数
526 **fault** ⑧[fɔːlt] ふォールト		➡	⬇	图 責任，罪：欠点
527 **somehow** ⑦[sʌ́mhàu] サムハウ		➡	⬇	副 何とかして：(文修飾)どう いうわけか
528 **forever** [fərévər] ふォレヴァ		➡	⬇	副 永遠に：とても長い間
529 **mostly** [móustli] モウストりィ		➡	⬇	副 主に，たいてい
530 **forward** [fɔ́ːrwərd] ふォーワド		➡	⬇	副 前へ，先に

❷ 記憶から引き出す

意味	ID	単語を書こう
名 節	511	
副 何とかして	527	
副 前へ，先に	530	
名 力	520	
名 いたずら	514	
名 信条	521	
名 運	524	
名 媒体，手段	516	
名 展望，理想像	522	
名 分量，数量	525	

意味	ID	単語を書こう
名 長所，利点	513	
副 主に，たいてい	529	
名 (強い)願望	518	
副 永遠に	528	
名 夜の12時	519	
名 単位	517	
名 試み	512	
名 責任，罪	526	
名 少しの間	515	
名 4分の1	523	

❸ Drill 26 の復習テスト

✔	単語 なぞって書く	ID	意味を書こう
	appeal	504	
	ghost	494	
	harm	505	
	standard	502	
	dozen	493	
	shade	501	
	percent	492	
	error	495	
	poison	509	
	pile	506	

✔	単語 なぞって書く	ID	意味を書こう
	trend	496	
	hunger	503	
	plenty	507	
	sample	499	
	thought	497	
	alarm	498	
	edge	508	
	clue	491	
	shadow	500	
	scale	510	

忘れていた単語は，p.70 の My Word List へ **Go**

1 書いて記憶 [単語番号：531〜550]　　　　学習日：　　月　　日

単語	1回目 意味を確認して単語を書く	2回目 発音しながら単語を書く	3回目 意味に合う単語を書く	意味
531 **nowadays** [náuədèɪz] ナウアデイズ		➡		副 近頃，最近では
532 **ahead** [əhéd] アヘッド		➡	⬇	副 前方に
533 **apart** [əpáːrt] アパート		➡	⬇	副 離れて
534 **altogether** [ɔ̀ːltəgéðər] オールトゥゲざァ		➡	⬇	副 まったく，完全に；全部で；概して
535 **throughout** [θruːáut] すルーアウト		➡	⬇	前 〜の間中（ずっと）；〜の至る所に
536 **beyond** [biá(ː)nd] ビア（ー）ンド		➡	⬇	前 〜の向こうに；（限界・範囲）を越えて
537 **toward** [tɔːrd] トード		➡	⬇	前 〜の方向へ，〜に向けて；〜に対する
538 **within** [wɪðín] ウィずィン		➡	⬇	前 〜以内に；〜の範囲内に
539 **above** [əbÁv] アバヴ		➡	⬇	前 〜の上方に；〜より上に[で] 副 上に；前述[上記]の
540 **below** [bɪlóu] ビロウ		➡		前 〜より下に 副 下に；下記[以下]に
541 **per** [pər] パ〜		➡	⬇	前 〜につき，〜あたり
542 **except** [ɪksépt] イクセプト		➡	⬇	前 〜を除いて 接 …ということを除いて
543 **beside** [bɪsáɪd] ビサイド		➡	⬇	前 〜のそばに
544 **unlike** [Ànláɪk] アンらイク		➡	⬇	前 〜と違って 形 似ていない
545 **outside** [àʊtsáɪd] アウトサイド		➡	⬇	前 〜の外に[で] 副 外側に[で]　形 外側の 名 (the 〜)外側，外部
546 **inside** [ìnsáɪd] インサイド		➡	⬇	前 〜の中に[で] 副 内側に[で]　形 内側の 名 (the 〜)内側，内部
547 **against** [əgénst] アゲンスト		➡	⬇	前 〜に反対して；〜に反して；〜に対抗して
548 **beneath** [bɪníːθ] ビニーす		➡	⬇	前 〜の下に[の]
549 **plus** [plÁs] プラス		➡	⬇	前 〜を加えて，足すと
550 **across** [əkrɔ́(ː)s] アクロ（ー）ス		➡		前 〜を横切って；〜の向こう側に；〜の至る所に

❷ 記憶から引き出す

意味	ID	単語を書こう		意味	ID	単語を書こう
前 ～の上方に	539			前 ～につき，～あたり	541	
副 前方に	532			前 ～と違って	544	
副 まったく，完全に	534			前 ～を横切って	550	
前 ～の方向へ，～に向けて	537			副 離れて	533	
前 ～の外に[で]	545			前 ～を除いて	542	
前 ～の間中(ずっと)	535			前 ～以内に	538	
前 ～に反対して	547			前 ～より下に	540	
副 近頃，最近では	531			前 ～を加えて，足すと	549	
前 ～の下に[の]	548			前 ～の向こうに	536	
前 ～の中に[で]	546			前 ～のそばに	543	

❸ Drill 27の復習テスト

✓	単語 なぞって書く	ID	意味を書こう		✓	単語 なぞって書く	ID	意味を書こう
	trick	514				power	520	
	attempt	512				second	515	
	vision	522				medium	516	
	merit	513				forever	528	
	section	511				unit	517	
	midnight	519				quarter	523	
	ambition	518				forward	530	
	principle	521				somehow	527	
	mostly	529				quantity	525	
	fault	526				luck	524	

忘れていた単語は，p.70 の My Word List へ **GO▶**

3 Drill 28の復習テスト

✔	単語 なぞって書く	ID	意味を書こう
	plus	549	
	ahead	532	
	apart	533	
	beneath	548	
	nowadays	531	
	inside	546	
	across	550	
	outside	545	
	beyond	536	
	toward	537	

✔	単語 なぞって書く	ID	意味を書こう
	within	538	
	per	541	
	above	539	
	altogether	534	
	unlike	544	
	throughout	535	
	against	547	
	below	540	
	except	542	
	beside	543	

My Word List   Drill 14 ~ 28
~覚えていなかった単語~

単語	意味

単語	意味

単語	意味		単語	意味

最低「5回」は書いて絶対に覚えよう！

単語	意味	単語	意味

最低「5回」は書いて絶対に覚えよう！

単語	意味

単語	意味

最低「5回」は書いて絶対に覚えよう！

単語	意味	単語	意味

最低「5回」は書いて絶対に覚えよう！

熟語	1回目 意味を見て発音しながら熟語を書く	2回目 意味に合う熟語を書く	意味
551 bring back 〜 / bring 〜 back			〜(物)を返す，〜(人)を送り届ける
552 carry out 〜 / carry 〜 out			〜(計画・約束など)を実行する
553 date back to 〜			〜(ある時期)にさかのぼる
554 find out (about 〜)			(〜について)(情報など)を知る
555 get together (with A) (for B)			(A(人)と)(Bのことで)集まる，会う
556 give off 〜			〜(光・におい・熱など)を発する
557 hand in 〜 / hand 〜 in			〜を提出する
558 hang up (on 〜)			(〜(人)との)電話を切る
559 hold up 〜 / hold 〜 up			〜を(倒れないように)支えている
560 live on 〜			〜(金額・収入)で暮らしを立てる；〜(特定の種類の食べ物)ばかりを食べる
561 look after 〜			〜の世話をする
562 look out (for 〜)			(〜に)注意する
563 look up 〜 / look 〜 up			〜(語句・情報など)を調べる；〜(人)を(久しぶりに)訪ねる
564 major in 〜			〜を専攻する
565 name A after [for] B			AにBの名を取って名付ける
566 put down 〜 / put 〜 down			〜を書き留める；〜を置く
567 see off 〜 / see 〜 off			〜(人)を見送る
568 take [have] a look (at 〜)			(〜を)(ちょっと)見る
569 take away 〜 / take 〜 away			〜を片付ける，持ち去る，取り上げる
570 take one's time doing			…するのに時間をかける，ゆっくりやる

熟語	1回目 意味を見て発音しながら熟語を書く	2回目 意味に合う熟語を書く	意味
571 think of *A* as *B*			AをBと見なす
572 *be* about to *do*			（まさに）…しようとしている
573 *be* born into 〜			〜の家庭に生まれる
574 *be* faced with 〜			〜に直面している
575 *be* good at 〜			〜が上手だ
576 *be* in need of 〜			〜を必要としている
577 *be* made of [from] 〜			〜でできている
578 *be* short of 〜			〜が足りない
579 *be* up to 〜			〜次第［〜の責任］である；〜(に至る)まで
580 *be* worried about 〜			〜のことを心配している
581 (all) by *oneself*			ひとりで，独力で；一人きりで
582 (all) on *one's* own			（たった）ひとりで；独力で
583 above all (else)			とりわけ，何よりも
584 across from 〜			〜の向かい側［反対側］に
585 after all			（予想に反して）結局は，やはり；（理由を補足して）何しろ…なのだから
586 〜 at a time			1度に〜；〜を続けて
587 by accident [chance]			偶然(に)
588 by mistake			間違って，誤って
589 day after day			来る日も来る日も
590 for free			無料で

2 Drill 29 の復習テスト

✓	ID	訳文に合う英文になるように空欄に熟語を書こう

☐ 570　We (　　　) (　　　) (　　　) having brunch on Sunday mornings.
　●私たちは日曜の朝，ゆっくりとブランチをとる。

☐ 551　I have to (　　　) this (　　　) to the library today.
　●今日これを図書館に返却しないといけない。

☐ 552　They (　　　) (　　　) my idea.
　●彼らは私のアイデアを実行した。

☐ 569　Excuse me, could you (　　　) our plates (　　　)?
　●すみません，お皿を片付けていただけますか。

☐ 562　(　　　) (　　　) (　　　) cars there.
　●そこでは車に気をつけてね。

☐ 564　She is (　　　) (　　　) business.
　●彼女はビジネスを専攻している。

☐ 560　He (　　　) (　　　) a small salary after he got the job.
　●彼はその仕事に就いた後少ない給料で暮らしていた。

☐ 567　I (　　　) my uncle (　　　) at the station.
　●私は駅でおじを見送った。

☐ 558　If you get a suspicious call, just (　　　) (　　　).
　●もし不審な電話を受けたら，とにかく電話を切ること。

☐ 559　I'll (　　　) (　　　) this flag.
　●私がこの旗を支えていましょう。

☐ 555　Let's (　　　) (　　　) (　　　) karaoke this Saturday.
　●今度の土曜にカラオケで集まりましょう。

☐ 554　How did you (　　　) (　　　) (　　　) those universities?
　●どうやってそれらの大学の情報がわかったのですか。

☐ 561　He likes (　　　) (　　　) small children.
　●彼は小さな子供の面倒を見るのが好きだ。

☐ 553　The origin (　　　) (　　　) (　　　) the Edo era.
　●その起源は江戸時代にさかのぼる。

☐ 568　Here, (　　　) (　　　) (　　　) (　　　) this picture.
　●ほら，この写真をちょっと見て。

☐ 565　She was (　　　) (　　　) her aunt.
　●彼女はおばの名前にちなんで名付けられた。

☐ 563　Can you (　　　) (　　　) the train times on the website?
　●ウェブサイトで電車の時刻を調べてもらえますか。

☐ 557　We must (　　　) (　　　) the homework by Monday.
　●私たちは月曜までに宿題を提出しなければならない。

☐ 566　(　　　) your name (　　　) at the top of the paper.
　●書類の一番上に名前をお書きください。

☐ 556　The flowers (　　　) (　　　) a sweet smell.
　●その花は甘い香りを発していた。

Drill 29 の復習テスト 解答　570 take our time　551 bring back　552 carried out　569 take away　562 Look out for　564 majoring in　560 lived on　567 saw off　558 hang up　559 hold up　555 get together for　554 find out about　561 looking after　553 dates back to　568 take a look at　565 named after　563 look up　557 hand in　566 Put down　556 gave off

忘れていた熟語は，p.81 の My Idiom List へ GO▶

77

熟語	1回目 意味を見て発音しながら熟語を書く	2回目 意味に合う熟語を書く	意味
591 from ～ on			～以降（ずっと）
592 from time to time			時々
593 in a hurry			急いで
594 in favor of ～			～に賛成して，～を支持して
595 in order [so as] to *do*			…するために
596 in the past			昔は，過去に，これまで
597 in those days			その当時は
598 on purpose			故意に，わざと
599 over and over (again)			何度も
600 upside down			逆さまに
601 a large [great] number of ～			たくさんの～
602 a series of ～			一連の～，一続きの～
603 as [so] long as ...			(時)…である限り [間]；(条件)…でありさえすれば
604 as soon as ...			…するとすぐに
605 had better *do*			…するべきだ，…するのがよい
606 more and more ～			ますます多くの～
607 not ～ at all			全く～ではない
608 not *A* but *B*			A ではなくて B
609 the first time ...			初めて…する [した]とき(に)
610 when it comes to ～			～のこととなると，～に関しては

✔	ID	訳文に合う英文になるように空欄に熟語を書こう

☐ 578　We were so busy since we (　　　) (　　　) (　　) hands.
●私たちは人手が足りなかったからとても忙しかった。

☐ 575　I (　　　) not very (　　　) (　　) cooking.
●私は料理があまり上手ではない。

☐ 577　This cheese (　　) (　　　) (　　　) goat's milk.
●このチーズは山羊の乳でできている。

☐ 585　It didn't rain yesterday (　　　) (　　).
●昨日は結局雨が降らなかった。

☐ 573　She (　　　) (　　　) (　　　) a sports family.
●彼女はスポーツ一家に生まれた。

☐ 590　You can visit the museum (　　) (　　　) tomorrow.
●明日その美術館を無料で見学できる。

☐ 574　She (　　　) (　　　) (　　　) a major problem.
●彼女は大きな問題に直面していた。

☐ 580　I (　　) really (　　　) (　　　) tomorrow's test.
●私は明日のテストのことがとても心配だ。

☐ 583　(　　　　) (　　　), I'd like to thank my family.
●とりわけ，家族に感謝したいと思います。

☐ 588　He got on the wrong bus (　　) (　　　　).
●彼は間違って違うバスに乗ってしまった。

☐ 581　I made breakfast (　　) (　　) (　　　) this week.
●今週私はひとりで朝食を作った。

☐ 586　I can't do two things (　　) (　　) (　　　).
●私には1度に2つのことはできない。

☐ 587　I met her (　　) (　　　　) at the café.
●私は彼女に偶然カフェで会った。

☐ 579　It (　　) (　　　) (　　) you to go out or not.
●出かけるかどうかは君次第だ。

☐ 571　I (　　　) (　　) him (　　) my true friend.
●私は彼のことを真の友人だと思っている。

☐ 576　They (　　　) still (　　) (　　　) (　　) help.
●彼らはなおも手助けを必要としていた。

☐ 589　I had to do the same training (　　　) (　　　) (　　　).
●私は来る日も来る日も同じトレーニングをしなければならなかった。

☐ 572　I (　　　) just (　　　) (　　) leave home.
●私はちょうど家を出ようとしていたところだった。

☐ 582　He lives in the countryside (　　) (　　) (　　　) (　　).
●彼は田舎にたったひとりで住んでいる。

☐ 584　My house is (　　　) (　　　) the supermarket.
●私の家はスーパーの向かい側にある。

Drill 30の復習テスト 解答　　578 were short of　575 am['m] good at　577 is made from　585 after all
573 was born into　590 for free　574 was faced with　580 am['m] worried about　583 Above all　588 by mistake
581 all by myself　586 at a time　587 by accident　579 is['s] up to　571 think of as　576 were in need of
589 day after day　572 was about to　582 all on his own　584 across from

忘れていた熟語は，p.81のMy Idiom Listへ **Go**▶

✔	ID	訳文に合う英文になるように空欄に熟語を書こう

☐ 608　What I need is (　　　　) money (　　　　) time.
● 私に必要なのはお金ではなく時間だ。

☐ 610　(　　　　)(　　　)(　　　　　)(　　　) playing online games, nobody can beat him.
● オンラインゲームをするとなると，誰も彼にはかなわない。

☐ 604　Let me know (　　　　)(　　　　)(　　　) you get there.
● そこに着いたらすぐに知らせてね。

☐ 602　They have completed (　　　)(　　　　)(　　　) studies.
● 彼らは一連の研究を終えた。

☐ 594　I'm not (　　　)(　　　　)(　　　) any type of gambling.
● 私はどんな賭け事にも賛成できない。

☐ 592　We go cycling (　　　　)(　　　　)(　　　)(　　　).
● 私たちは時々サイクリングに出かける。

☐ 600　Don't put that box (　　　　)(　　　　).
● あの箱は逆さまに置かないでください。

☐ 605　We(　　　)(　　　　) hurry, or we'll miss the bus.
● 急がないといけない，さもないとバスに乗り遅れてしまう。

☐ 597　(　　　)(　　　　)(　　　　), that building was the tallest in Japan.
● その当時，あのビルは日本で一番高かった。

☐ 599　I told him (　　　)(　　　　)(　　　) to do it at once.
● 私は彼にそれをすぐにするよう何度も言った。

☐ 609　(　　　)(　　　　)(　　　　) he saw snow, he got very excited.
● 彼は初めて雪を見たとき，大興奮した。

☐ 601　(　　)(　　　　)(　　　　)(　　　) people gathered to see the parade.
● たくさんの人がそのパレードを見ようと集まった。

☐ 596　(　　)(　　　　)(　　　　), I used to play in this park.
● 昔はこの公園でよく遊んだものだ。

☐ 606　(　　　　)(　　　　)(　　　　) people are crazy about e-sports.
● ますます多くの人がeスポーツに夢中になっている。

☐ 607　I was (　　　) sleepy (　　　)(　　　) last night.
● 昨晩私は全く眠くなかった。

☐ 598　She didn't do that (　　　　)(　　　　).
● 彼女はわざとそうしたのではない。

☐ 595　She went to Austria (　　　)(　　　　)(　　　) study music.
● 彼女は音楽を勉強するためにオーストリアに行った。

☐ 603　Please stay here (　　　)(　　　　)(　　　) you like.
● 好きなだけここにいてください。

☐ 591　I'll study English harder (　　　　) now (　　　).
● これからはもっと一生懸命英語を勉強しよう。

☐ 593　I'm not (　　　) such (　　　)(　　　　) now.
● 私は今それほど急いではいません。

Drill31 の復習テスト 解答　　608 not but　610 When it comes to　604 as soon as　602 a series of　594 in favor of
592 from time to time　600 upside down　605 had ['d] better　597 In those days　599 over and over
609 The first time　601 A large number of　596 In the past　606 More and more　607 not at all　598 on purpose
595 in order to　603 as long as　591 from on　593 in a hurry

忘れていた熟語は，p.81 の My Idiom List へ **GO**➡

My Idiom List　～覚えていなかった熟語～　Drill 29 ～ 31

熟語	意味

最低「5回」は書いて絶対に覚えよう！

熟語	意味

最低「5回」は書いて絶対に覚えよう！

Section 3

単語	1回目 意味を確認して単語を書く	2回目 発音しながら単語を書く	3回目 意味に合う単語を書く	意味
611 **parent** [péərənt] ペ(ア)レント		⇒	⇩	名 親
612 **husband** [hʌ́zbənd] ハズバンド		⇒	⇩	名 夫
613 **wife** [waɪf] ワイふ		⇒	⇩	名 妻
614 **kid** [kɪd] キッド		⇒	⇩	名 子供：若者 動 (を)からかう，(に)冗談を言う
615 **twin** [twɪn] トゥウイン		⇒	⇩	名 双子(の1人) 形 双子の；対の
616 **relative** [rélətɪv] レらティヴ		⇒	⇩	名 親戚 形 比較上の；相対的な
617 **cousin** [kʌ́zən] カズン		⇒	⇩	名 いとこ
618 **ancestor** [ǽnsèstər] アンセスタァ		⇒	⇩	名 先祖；(機器などの)原型
619 **job** [dʒɑ(:)b] ヂャ(ー)ップ		⇒	⇩	名 仕事
620 **work** [wəːrk] ワ〜ク		⇒	⇩	名 仕事；職場；勉強；作品 動 働く；勤めている；勉強する；機能する
621 **occupation** [à(:)kjupéɪʃən] ア(ー)キュペイション		⇒	⇩	名 職業
622 **career** [kəríər] カリア		⇒	⇩	名 職業；経歴
623 **business** [bíznəs] ビズネス		⇒	⇩	名 仕事，商売：会社，店舗
624 **interview** [íntərvjùː] インタヴュー		⇒	⇩	名 面接：インタビュー 動 と面接をする；にインタビューする
625 **hire** [háɪər] ハイア		⇒	⇩	動 を(一時的に)雇う；英 を賃借りする
626 **retire** [rɪtáɪər] リタイア		⇒	⇩	動 退職する，引退する
627 **clerk** [kləːrk] クら〜ク		⇒	⇩	名 米 店員；事務員
628 **officer** [á(:)fəsər] ア(ー)ふィサァ		⇒	⇩	名 警官；役人
629 **engineer** [èndʒɪníər] エンヂニア		⇒	⇩	名 技師，技術者
630 **artist** [áːrtəst] アーティスト		⇒	⇩	名 芸術家；画家

▶2 記憶から引き出す

意味	ID	単語を書こう
名 先祖	618	
名 職業	622	
名 職業	621	
名 妻	613	
名 夫	612	
名 警官	628	
名 仕事	620	
動 退職する，引退する	626	
名 技師，技術者	629	
名 芸術家	630	

意味	ID	単語を書こう
名 仕事	619	
名 親	611	
名 双子(の１人)	615	
名 親戚	616	
名 子供	614	
名 面接	624	
名 仕事，商売	623	
名 いとこ	617	
動 を(一時的に)雇う	625	
名 米 店員	627	

85

1 書いて記憶 [単語番号：631〜650]

学習日： 月 日

単語	1回目 意味を確認して単語を書く	2回目 発音しながら単語を書く	3回目 意味に合う単語を書く	意味
631 **director** [dəréktər] ディレクタァ		➡		图 監督；管理者
632 **actor** [ǽktər] アクタァ		➡	⬇	图 俳優
633 **nurse** 発 [nə:rs] ナ〜ス		➡	⬇	图 看護師
634 **secretary** 発 [sékrətèri] セクレテリィ		➡	⬇	图 秘書
635 **agent** [éɪdʒənt] エイヂェント		➡	⬇	图 代行業者；代理人
636 **civil** [sívəl] スィヴ(ィ)る		➡	⬇	形 民間の；市民の；国内の
637 **mayor** [méɪər] メイア		➡	⬇	图 市長，町[村]長
638 **chairperson** [tʃéərpə̀:rsən] チェアパ〜スン		➡	⬇	图 議長，委員長
639 **professor** [prəfésər] プロ**フェ**サァ		➡	⬇	图 教授
640 **principal** [prínsəpəl] プリンスィパる		➡	⬇	图 校長 形 主要な
641 **expert** 発 アク [ékspə:rt] エクスパ〜ト		➡	⬇	图 専門家，達人 形 熟達した
642 **leader** [líːdər] リーダァ		➡	⬇	图 指導者，リーダー
643 **queen** [kwi:n] ク**ウィ**ーン		➡	⬇	图 女王；王妃
644 **prince** [prɪns] プリンス		➡	⬇	图 王子；第一人者
645 **royal** [rɔ́ɪəl] ロイアる		➡	⬇	形 国王の，王室の
646 **slave** [sleɪv] スれイヴ		➡	⬇	图 奴隷
647 **hall** [hɔ:l] ホーる		➡	⬇	图 会館，ホール；玄関(の広間)；廊下
648 **office** [ɑ́(:)fəs] ア(ー)ふィス		➡	⬇	图 事務所，会社
649 **bank** [bæŋk] バンク		➡	⬇	图 銀行；土手；川岸
650 **apartment** [əpá:rtmənt] アパートメント		➡	⬇	图 アパート，マンション

❷ 記憶から引き出す

意味	ID	単語を書こう	意味	ID	単語を書こう
名 教授	639		名 校長	640	
名 奴隷	646		名 アパート, マンション	650	
形 民間の	636		名 専門家, 達人	641	
名 銀行	649		名 王子	644	
形 国王の, 王室の	645		名 議長, 委員長	638	
名 代行業者	635		名 市長, 町[村]長	637	
名 看護師	633		名 秘書	634	
名 俳優	632		名 会館, ホール	647	
名 事務所, 会社	648		名 女王	643	
名 監督	631		名 指導者, リーダー	642	

❸ Drill 32の復習テスト

✔	単語 なぞって書く	ID	意味を書こう	✔	単語 なぞって書く	ID	意味を書こう
	interview	624			ancestor	618	
	clerk	627			officer	628	
	hire	625			kid	614	
	retire	626			job	619	
	wife	613			husband	612	
	cousin	617			engineer	629	
	artist	630			relative	616	
	career	622			occupation	621	
	twin	615			business	623	
	work	620			parent	611	

忘れていた単語は, p.134 の My Word List へ **Go**

単語	1回目 意味を確認して単語を書く	2回目 発音しながら単語を書く	3回目 意味に合う単語を書く	意味
651 **library** [láɪbrèri] **ら**イブレリィ		➡		名 図書館；蔵書，コレクション
652 **gym** [dʒɪm] **ヂ**ム		➡	⬇	名 体育館，ジム；体育
653 **museum** 🔊[mjuzíːəm] ミュ**ズ**ィーアム		➡	⬇	名 博物館，美術館
654 **theater** 🔊[θíːətər] **す**ィアタァ		➡	⬇	名 劇場
655 **studio** 🔊[stjúːdiòʊ] ス**テュ**ーディオウ		➡	⬇	名 スタジオ，(映画)撮影所
656 **stadium** 🔊[stéɪdiəm] ス**テ**イディアム		➡	⬇	名 競技場，スタジアム
657 **temple** [témpl] **テ**ンプる		➡	⬇	名 寺院；神殿
658 **shrine** [ʃraɪn] **シ**ライン		➡	⬇	名 聖堂，神社；聖地
659 **castle** 🔊[kǽsl] **キャ**スる		➡	⬇	名 城
660 **tower** [táʊər] **タ**ウア		➡	⬇	名 塔
661 **entrance** [éntrəns] **エ**ントゥランス		➡	⬇	名 入口，玄関；入学；入場
662 **exit** 🔊🔊[égzət] **エ**グズィット		➡	⬇	名 出口；(プログラムの)終了
663 **architecture** 🔊[áːrkətèktʃər] **アー**キテクチャ		➡	⬇	名 建築；建築様式
664 **avenue** [ǽvənjùː] **ア**ヴェニュー		➡	⬇	名 大通り，～街
665 **block** [blɑ(ː)k] ブ**ら**(ー)ック		➡	⬇	名 (街の)1区画，ブロック；大きな塊 動 をふさぐ；を妨害する
666 **corner** [kɔ́ːrnər] **コ**ーナァ		➡	⬇	名 曲がり角；角，隅
667 **intersection** [ìntərsékʃən] インタァ**セ**クション		➡	⬇	名 交差点
668 **zone** [zoʊn] **ゾ**ウン		➡	⬇	名 地帯，区域
669 **square** 🔊[skweər] スク**ウェ**ア		➡	⬇	名 (四角い)広場；正方形 形 正方形の；平方の
670 **market** [máːrkət] **マ**ーケット		➡	⬇	名 市場[いちば]

② 記憶から引き出す

意味	ID	単語を書こう
名 建築	663	
名 スタジオ，（映画）撮影所	655	
名 体育館，ジム	652	
名 交差点	667	
名 市場	670	
名 曲がり角	666	
名 （街の）1 区画，ブロック	665	
名 （四角い）広場	669	
名 競技場，スタジアム	656	
名 大通り，〜街	664	

意味	ID	単語を書こう
名 入口，玄関	661	
名 聖堂，神社	658	
名 出口	662	
名 塔	660	
名 寺院	657	
名 劇場	654	
名 博物館，美術館	653	
名 城	659	
名 地帯，区域	668	
名 図書館	651	

③ Drill 33 の復習テスト

✓	単語 なぞって書く	ID	意味を書こう
	queen	643	
	apartment	650	
	mayor	637	
	nurse	633	
	chairperson	638	
	secretary	634	
	expert	641	
	office	648	
	slave	646	
	actor	632	

✓	単語 なぞって書く	ID	意味を書こう
	agent	635	
	professor	639	
	principal	640	
	royal	645	
	leader	642	
	hall	647	
	prince	644	
	bank	649	
	civil	636	
	director	631	

忘れていた単語は，p.134 の My Word List へ **GO**▶

単語	1回目 意味を確認して単語を書く	2回目 発音しながら単語を書く	3回目 意味に合う単語を書く	意味
671 **path** [pæθ] パす		➡	⬇	名 小道
672 **slope** [sloup] スろウプ		➡	⬇	名 坂
673 **traffic** [trǽfɪk] トゥラふィック		➡	⬇	名 交通(量)
674 **drive** [draɪv] ドゥライヴ		➡	⬇	動 (車を)運転する 名 ドライブ
675 **ride** [raɪd] ライド		➡	⬇	動 (に)乗る，乗っていく 名 乗る[乗せる]こと
676 **railroad** [réɪlròʊd] レイるロウド		➡	⬇	名 鉄道
677 **subway** [sʌ́bwèɪ] サブウェイ		➡	⬇	名 地下鉄
678 **automobile** [ɔ́ːtəmoʊbìːl] オートモウビーる		➡	⬇	名 自動車
679 **engine** [éndʒɪn] エンヂン		➡	⬇	名 エンジン
680 **wheel** [hwiːl] (フ)ウィーる		➡	⬇	名 (the ~)(自動車の)ハンドル；車輪
681 **license** [láɪsəns] らイセンス		➡	⬇	名 免許(証)；許可
682 **airport** [éərpɔ̀ːrt] エアポート		➡	⬇	名 空港
683 **flight** [flaɪt] ふライト		➡	⬇	名 定期航空便，フライト；空の旅；飛行
684 **port** [pɔːrt] ポート		➡	⬇	名 港
685 **canal** ⑦[kənǽl] カナる		➡	⬇	名 運河
686 **key** [kiː] キー		➡	⬇	名 鍵；手がかり 形 重要な
687 **stair** 発[steər] ステア		➡	⬇	名 (~s)階段
688 **upstairs** ⑦[ʌ̀pstéərz] アップステアズ		➡	⬇	副 上の階に[で]
689 **floor** [flɔːr] ふろー		➡	⬇	名 床；階
690 **shelf** [ʃelf] シェるふ		➡	⬇	名 棚

2 記憶から引き出す

意味	ID	単語を書こう
名 免許(証)	681	
名 (自動車の)ハンドル	680	
名 自動車	678	
名 階段	687	
名 交通(量)	673	
名 鍵	686	
動 (に)乗る, 乗っていく	675	
名 運河	685	
名 空港	682	
名 小道	671	

意味	ID	単語を書こう
名 棚	690	
名 床	689	
名 定期航空便, フライト	683	
名 エンジン	679	
動 (車を)運転する	674	
名 港	684	
名 地下鉄	677	
名 坂	672	
名 鉄道	676	
副 上の階に[で]	688	

3 Drill 34 の復習テスト

✓	単語 なぞって書く	ID	意味を書こう
	exit	662	
	zone	668	
	intersection	667	
	stadium	656	
	theater	654	
	market	670	
	square	669	
	castle	659	
	library	651	
	entrance	661	

✓	単語 なぞって書く	ID	意味を書こう
	tower	660	
	corner	666	
	block	665	
	temple	657	
	shrine	658	
	avenue	664	
	gym	652	
	architecture	663	
	museum	653	
	studio	655	

忘れていた単語は, p.134 の My Word List へ **Go**

単語	1回目 意味を確認して単語を書く	2回目 発音しながら単語を書く	3回目 意味に合う単語を書く	意味
691 **roof** [ru:f] ルーふ		➡	⬇	名 屋根；(the ~)最高部
692 **ladder** [lǽdər] らダァ		➡	⬇	名 はしご
693 **yard** [jɑ:rd] ヤード		➡	⬇	名 庭；囲い地；(長さの単位) ヤード，ヤール
694 **closet** 発[klá(:)zət] クら(ー)ゼット		➡	⬇	名 クローゼット，収納場 所
695 **refrigerator** ア[rɪfrídʒərèɪtər] リふリヂェレイタァ		➡	⬇	名 冷蔵庫
696 **shower** 発[ʃáuər] シャウア		➡	⬇	名 シャワー(室・器具)； シャワー(を浴びること)； にわか雨
697 **housework** [háuswà:rk] ハウスワ～ク		➡	⬇	名 家事
698 **plastic** [plǽstɪk] プらスティック		➡	⬇	形 プラスチック(製)の， ビニール(製)の 名 プラスチック，ビニール
699 **plate** [pleɪt] プれイト		➡	⬇	名 皿；(1皿分の)料理；表 示板
700 **glass** [glæs] グらス		➡	⬇	名 グラス，カップ；ガラ ス；(~es)めがね
701 **garbage** 発[gá:rbɪdʒ] ガービヂ		➡	⬇	名 生ごみ，ごみ
702 **trash** [træʃ] トゥラッシ		➡	⬇	名 ごみ，(紙)くず；(the ~) ごみ箱
703 **dust** [dʌst] ダスト		➡	⬇	名 ほこり 動 のほこりを払い落とす
704 **trap** [træp] トゥラップ		➡	⬇	名 わな；策略 動 (危険な場所などに)閉じ 込められる，(苦境に)陥る
705 **brush** [brʌʃ] ブラッシ		➡	⬇	名 ブラシ，はけ 動 にブラシをかける，を(ブ ラシで)磨く
706 **comb** 発[koum] コウム		➡	⬇	名 くし；くしで髪をとかす こと 動 (髪)をくしでとく
707 **blanket** [blǽŋkət] ブらンケット		➡	⬇	名 毛布
708 **sheet** [ʃi:t] シート		➡	⬇	名 (1枚の)紙,紙の1枚； シーツ
709 **label** 発[léɪbəl] れイベる		➡	⬇	名 ラベル，荷札
710 **envelope** [énvəlòup] エンヴェろウプ		➡	⬇	名 封筒

❷ 記憶から引き出す

意味	ID	単語を書こう
名 庭	693	
名 封筒	710	
形 プラスチック(製)の, ビニール(製)の	698	
名 グラス, カップ	700	
名 (1枚の)紙, 紙の1枚	708	
名 生ごみ, ごみ	701	
名 家事	697	
名 くし	706	
名 ラベル, 荷札	709	
名 はしご	692	

意味	ID	単語を書こう
名 ごみ, (紙)くず	702	
名 ほこり	703	
名 冷蔵庫	695	
名 皿	699	
名 シャワー(室・器具)	696	
名 わな	704	
名 屋根	691	
名 クローゼット, 収納場所	694	
名 ブラシ, はけ	705	
名 毛布	707	

❸ Drill 35 の復習テスト

✓	単語 なぞって書く	ID	意味を書こう
	slope	672	
	key	686	
	drive	674	
	ride	675	
	upstairs	688	
	port	684	
	flight	683	
	shelf	690	
	engine	679	
	railroad	676	

✓	単語 なぞって書く	ID	意味を書こう
	path	671	
	wheel	680	
	traffic	673	
	floor	689	
	airport	682	
	automobile	678	
	license	681	
	stair	687	
	canal	685	
	subway	677	

忘れていた単語は, p.134 の My Word List へ **GO**

単語	1回目 意味を確認して単語を書く	2回目 発音しながら単語を書く	3回目 意味に合う単語を書く	意味
711 **fashion** [fǽʃən] ふァション		➡		图 流行(しているもの)
712 **style** [staɪl] スタイる		➡	⬇	图 流行；(服装・髪などの)スタイル；様式；(人の)流儀
713 **formal** [fɔ́ːrməl] ふォーマる		➡	⬇	形 正式の；形式ばった
714 **tight** [taɪt] タイト		➡	⬇	形 (衣類などが)きつい；(時間・金銭などが)ゆとりのない
715 **loose** 発 [luːs] るース		➡	⬇	形 (衣類などが)ゆったりした；ゆるい，ゆるんだ
716 **wear** 発 [weər] ウェア		➡	⬇	動 を着ている，身につけている；をすり減らす，すり減る 图 衣服，～着
717 **clothes** 発 [klouz] クろウズ		➡	⬇	图 衣服，衣類
718 **dress** 発 [dres] ドゥレス		➡	⬇	動 に衣服を着せる；(の)服装をしている 图 ドレス；衣服；正装
719 **costume** [kɑ́(:)stjuːm] カ(ー)ステューム		➡	⬇	图 (舞台などの)衣装，仮装；(国民・時代特有の)服装
720 **tie** [taɪ] タイ		➡	⬇	動 を結ぶ；を縛る 图 ネクタイ
721 **sew** 発 [sou] ソウ		➡	⬇	動 を縫う，縫い付ける；縫い物をする
722 **frame** [freɪm] ふレイム		➡	⬇	图 (~s)(めがねの)フレーム；枠；額縁
723 **button** [bʌ́tən] バトゥン		➡	⬇	图 (衣類の)ボタン；(機器の)ボタン 動 のボタンをとめる
724 **ring** [rɪŋ] リング		➡	⬇	图 指輪；輪；鳴る音 動 鳴る，を鳴らす
725 **jewel** 発 [dʒúːəl] ヂューエる		➡	⬇	图 宝石；(~s)宝飾品
726 **wallet** [wɑ́(:)lət] ワ(ー)れット		➡	⬇	图 財布
727 **mobile** 発 [móubəl] モウビる		➡	⬇	图 携帯電話 形 移動式の
728 **portable** [pɔ́ːrtəbl] ポータブる		➡	⬇	形 持ち運びできる，携帯用の
729 **umbrella** [ʌmbrélə] アンブレら		➡	⬇	图 傘
730 **silk** [sɪlk] スィるク		➡	⬇	图 絹，絹糸

❷ 記憶から引き出す

意味	ID	単語を書こう
图 傘	729	
图 衣服，衣類	717	
图 (舞台などの) 衣装，仮装	719	
形 持ち運びできる，携帯用の	728	
图 絹，絹糸	730	
图 指輪	724	
图 財布	726	
動 に衣服を着せる	718	
图 (めがねの) フレーム	722	
形 正式の	713	

意味	ID	単語を書こう
動 を着ている，身につけている	716	
图 宝石	725	
图 携帯電話	727	
形 (衣類などが) ゆったりした	715	
動 を縫う，縫い付ける	721	
图 流行 (しているもの)	711	
動 を結ぶ	720	
形 (衣類などが) きつい	714	
图 (衣類の) ボタン	723	
图 流行	712	

❸ Drill 36 の復習テスト

✔	単語 なぞって書く	ID	意味を書こう
	closet	694	
	yard	693	
	label	709	
	dust	703	
	blanket	707	
	shower	696	
	plastic	698	
	comb	706	
	refrigerator	695	
	housework	697	

✔	単語 なぞって書く	ID	意味を書こう
	roof	691	
	envelope	710	
	plate	699	
	trap	704	
	ladder	692	
	glass	700	
	sheet	708	
	garbage	701	
	trash	702	
	brush	705	

忘れていた単語は，p.134 の My Word List へ **GO**

単語	1回目 意味を確認して単語を書く	2回目 発音しながら単語を書く	3回目 意味に合う単語を書く	意味
731 **cotton** [ká(:)tən] カ(ー)トゥン		➡	⬇	名 綿[めん]
732 **leather** [léðər] れざァ		➡	⬇	名 革
733 **feather** 発 [féðər] ふエざァ		➡	⬇	名 羽, 羽毛
734 **meal** [mi:l] ミーる		➡	⬇	名 食事
735 **supper** [sʌ́pər] サパァ		➡	⬇	名 夕食
736 **snack** [snæk] スナック		➡	⬇	名 軽食, おやつ
737 **dessert** 発 ア [dizə́:rt] ディザ〜ト		➡	⬇	名 デザート
738 **diet** [dáɪət] ダイエット		➡	⬇	名 ダイエット；(栄養的観点での)食事
739 **chopstick** [tʃá(:)pstìk] チャ(ー)ップスティック		➡	⬇	名 (~s)箸[はし]
740 **bite** [baɪt] バイト		➡	⬇	動 (を)かむ, (に)かみつく；(虫などが)を刺す 名 かむこと；一口(の量)
741 **flavor** [fléɪvər] ふれイヴァ		➡	⬇	名 風味, 味 動 に風味を添える, 味をつける
742 **delicious** ア [dɪlíʃəs] ディリシャス		➡	⬇	形 とてもおいしい
743 **bitter** [bítər] ビタァ		➡	⬇	形 苦い；つらい
744 **sour** 発 [sáʊər] サウア		➡	⬇	形 酸っぱい；すえた
745 **recipe** 発 [résəpi] レスィピィ		➡	⬇	名 調理法, レシピ；秘訣[けつ]
746 **mix** [mɪks] ミックス		➡	⬇	動 を混ぜる；混ざる
747 **pour** 発 [pɔːr] ポー		➡	⬇	動 を注ぐ, かける；(飲み物など)をつぐ；(多量に)流れ出る
748 **fry** [fraɪ] ふライ		➡	⬇	動 (油で)を炒[いた]める, 揚げる 名 (fries)フライドポテト
749 **boil** [bɔɪl] ボイる		➡	⬇	動 をゆでる, 煮る；を沸かす；沸く
750 **steam** [sti:m] スティーム		➡	⬇	動 を蒸す 名 蒸気；湯気

②記憶から引き出す

意味	ID	単語を書こう
動 を注ぐ，かける	747	
形 酸っぱい	744	
形 とてもおいしい	742	
名 食事	734	
名 夕食	735	
動 (を)かむ，(に)かみつく	740	
名 革	732	
動 をゆでる，煮る	749	
動 (油で)を炒める，揚げる	748	
名 羽，羽毛	733	

意味	ID	単語を書こう
名 調理法，レシピ	745	
名 綿	731	
動 を蒸す	750	
名 箸	739	
名 風味，味	741	
名 軽食，おやつ	736	
動 を混ぜる	746	
名 デザート	737	
名 ダイエット	738	
形 苦い	743	

③ Drill 37 の復習テスト

✔	単語 なぞって書く	ID	意味を書こう
	umbrella	729	
	clothes	717	
	costume	719	
	loose	715	
	silk	730	
	tight	714	
	frame	722	
	ring	724	
	fashion	711	
	mobile	727	

✔	単語 なぞって書く	ID	意味を書こう
	button	723	
	portable	728	
	sew	721	
	dress	718	
	formal	713	
	wallet	726	
	jewel	725	
	wear	716	
	tie	720	
	style	712	

忘れていた単語は，p.134 の My Word List へ **Go**

単語	1回目 意味を確認して単語を書く	2回目 発音しながら単語を書く	3回目 意味に合う単語を書く	意味
751 **bake** [beɪk] ベイク		⇨	⇩	動 （パンなど）を**焼く**
752 **harvest** ⑦[háːrvɪst] ハーヴェスト		⇨	⇩	名 **収穫(物)**；収穫期 動 を収穫する
753 **vegetable** [védʒtəbl] ヴェヂタブる		⇨	⇩	名 **野菜**
754 **meat** [miːt] ミート		⇨	⇩	名 **肉**
755 **wheat** [hwiːt] (フ)ウィート		⇨	⇩	名 **小麦**
756 **flour** ⊛[fláuər] ふらウア		⇨	⇩	名 **小麦粉**
757 **honey** ⊛[hʌ́ni] ハニィ		⇨	⇩	名 **ハチミツ**
758 **salt** ⊛[sɔ(ː)lt] ソ(ー)るト		⇨	⇩	名 **塩**
759 **menu** [ménjuː] メニュー		⇨	⇩	名 **メニュー**
760 **choice** ⊛[tʃɔɪs] チョイス		⇨	⇩	名 **選択(の幅・種類)**
761 **service** ⊛[sə́ːrvəs] サ〜ヴィス		⇨	⇩	名 **サービス, 応対**；公益 事業；(運行)便
762 **tip** [tɪp] ティップ		⇨	⇩	名 **チップ**；秘訣[凹]
763 **cancel** [kǽnsəl] キャンせる		⇨	⇩	動 (を)**取り消す, 中止する** 名 取り消し
764 **culture** [kʌ́ltʃər] カるチャ		⇨	⇩	名 **文化, 文化活動**
765 **hobby** [há(ː)bi] ハ(ー)ビィ		⇨	⇩	名 **趣味**
766 **amusement** [əmjúːzmənt] アミューズメント		⇨	⇩	名 **楽しみ**；おもしろさ； {〜s}娯楽
767 **entertainment** [èntərtéinmənt] エンタテインメント		⇨	⇩	名 **娯楽, 気晴らし**
768 **collect** [kəlékt] コれクト		⇨	⇩	動 を**集める, 収集する**
769 **exhibit** ⊛⑦[ɪgzíbət] イグズィビット		⇨	⇩	動 を**展示する**；(感情・能 力など)を出す 名 展示品；囲展覧会
770 **instrument** ⑦[ínstrəmənt] インストゥルメント		⇨	⇩	名 **楽器**；器具

❷ 記憶から引き出す

意味	ID	単語を書こう
名 野菜	753	
名 塩	758	
名 小麦	755	
名 選択(の幅・種類)	760	
名 娯楽, 気晴らし	767	
動 (パンなど)を焼く	751	
名 サービス, 応対	761	
名 楽しみ	766	
名 肉	754	
名 メニュー	759	

意味	ID	単語を書こう
名 楽器	770	
名 チップ	762	
名 ハチミツ	757	
名 文化, 文化活動	764	
動 (を)取り消す, 中止する	763	
名 小麦粉	756	
動 を展示する	769	
名 趣味	765	
名 収穫(物)	752	
動 を集める, 収集する	768	

❸ Drill 38 の復習テスト

✓	単語 なぞって書く	ID	意味を書こう
	cotton	731	
	feather	733	
	meal	734	
	delicious	742	
	boil	749	
	mix	746	
	steam	750	
	fry	748	
	chopstick	739	
	bite	740	

✓	単語 なぞって書く	ID	意味を書こう
	supper	735	
	leather	732	
	snack	736	
	diet	738	
	dessert	737	
	pour	747	
	bitter	743	
	sour	744	
	flavor	741	
	recipe	745	

忘れていた単語は, p.134 の My Word List へ **GO▶**

単語	1回目 意味を確認して単語を書く	2回目 発音しながら単語を書く	3回目 意味に合う単語を書く	意味
771 **tune** [tjúːn] トゥーン				名 (正しい)音調；曲 動 (楽器)を調律する；(be ~d) (チャンネルなどに)合って
772 **film** [fílm] フィるム				名 奥 映画；フィルム 動 を撮影する
773 **cartoon** ⑦[kɑːrtúːn] カートゥーン				名 アニメ (動画)；風刺漫 画
774 **comic** [kɑ́(ː)mɪk] カ(ー)ミック				名 漫画(雑誌・本) 形 喜劇の；滑稽な
775 **photograph** ⑦[fóʊtəɡræf] ふォウトグラふ				名 写真
776 **portrait** 発⑦[pɔ́ːrtrət] ポートゥレット				名 肖像画；(詳しい)描写
777 **magic** ⑦[mǽdʒɪk] マヂック				名 手品；魔法；不思議な力
778 **tour** 発[tʊər] トゥア				名 (周遊)旅行，ツアー； 見学 動 を旅行する；(を)見 学して回る
779 **journey** [dʒə́ːrni] ヂャ〜ニィ				名 旅行；旅程；(〜への)道 のり
780 **sightseeing** [sáɪtsìːɪŋ] サイトスィーイング				名 観光
781 **adventure** [ədvéntʃər] アドヴェンチャ				名 冒険(旅行)；冒険心
782 **explore** [ɪksplɔ́ːr] イクスプろー				動 (を)探検する；を探求す る
783 **wander** 発[wɑ́(ː)ndər] ワ(ー)ンダァ				動 (を)歩き回る，ぶらつ く
784 **camp** [kǽmp] キャンプ				名 キャンプ，合宿；野営 地 動 キャンプする
785 **tourist** 発[tʊ́ərəst] トゥリスト				名 観光客，旅行者
786 **passenger** ⑦[pǽsɪndʒər] パセンヂャ				名 乗客
787 **guide** 発[ɡaɪd] ガイド				名 ガイド，案内人；案内 書；指針 動 を案内する
788 **vacation** 発[veɪkéɪʃən] ヴェイケイション				名 休暇
789 **souvenir** 発⑦[sùːvəníər] スーヴェニア				名 土産，思い出の品
790 **pack** [pǽk] パック				動 (に)荷物を詰める，(を) 荷造りする；を詰め込む 名 1箱，1包み

2 記憶から引き出す

意味	ID	単語を書こう		意味	ID	単語を書こう
名 冒険(旅行)	781			名 漫画(雑誌・本)	774	
名 ガイド，案内人	787			動 (を)歩き回る，ぶらつく	783	
名 キャンプ，合宿	784			名 写真	775	
名 旅行	779			名 乗客	786	
名 (正しい)音調	771			名 土産，思い出の品	789	
名 肖像画	776			動 (を)探検する	782	
動 (に)荷物を詰める，(を)荷造りする	790			名 観光客，旅行者	785	
名 観光	780			名 アニメ(動画)	773	
名 休暇	788			名 手品	777	
名 (周遊)旅行，ツアー	778			名 園 映画	772	

3 Drill 39 の復習テスト

✔	単語 なぞって書く	ID	意味を書こう	✔	単語 なぞって書く	ID	意味を書こう
	flour	756			bake	751	
	culture	764			vegetable	753	
	honey	757			entertainment	767	
	amusement	766			tip	762	
	service	761			wheat	755	
	exhibit	769			harvest	752	
	hobby	765			cancel	763	
	collect	768			meat	754	
	menu	759			choice	760	
	instrument	770			salt	758	

忘れていた単語は，p.134 の My Word List へ GO▶

単語	1回目 意味を確認して単語を書く	2回目 発音しながら単語を書く	3回目 意味に合う単語を書く	意味
791 **win** [wɪn] **ウィン**		➡	⬇	動 (競技など)(に)**勝つ**；を獲得する
792 **victory** [víktəri] **ヴィクトリィ**		➡	⬇	名 勝利
793 **record** ⑦ [rékərd] **レカァド**		➡	⬇	名 記録，最高記録 動 [発音] を記録する；を録音[録画]する
794 **score** [skɔːr] **スコー**		➡	⬇	名 得点，スコア；成績 動 (点)を取る；得点する
795 **prize** [praɪz] **プライズ**		➡	⬇	名 賞
796 **award** ⑦ [əwɔ́ːrd] **アウォード**		➡	⬇	名 賞，賞金 動 (賞など)を授与する
797 **race** [reɪs] **レイス**		➡	⬇	名 競争，レース；人種；民族 動 競争する
798 **match** [mætʃ] **マッチ**		➡	⬇	名 試合；競争相手；適合する人[物] 動 と調和する；に匹敵する
799 **tournament** ⑦ [túərnəmənt] **トゥアナメント**		➡	⬇	名 トーナメント
800 **professional** [prəféʃənəl] **プロフェショヌる**		➡	⬇	形 プロの；熟練した；専門職の 名 プロ；専門家
801 **athlete** ⑦ [ǽθliːt] **アすリート**		➡	⬇	名 運動選手
802 **coach** ⑦ [koʊtʃ] **コウチ**		➡	⬇	名 コーチ，指導員 動 を指導する
803 **rival** [ráɪvəl] **ライヴ(ァ)る**		➡	⬇	名 ライバル，競争相手 形 競合の
804 **train** [treɪn] **トゥレイン**		➡	⬇	動 (を)訓練する，トレーニングする 名 列車
805 **exercise** [éksərsàɪz] **エクササイズ**		➡	⬇	動 運動する；(体の部位など)を鍛える 名 運動；練習；練習問題
806 **practice** [prǽktɪs] **プラクティス**		➡	⬇	動 (反復的に)(を)練習する；を実践する 名 練習；実践
807 **indoor** [índɔ́ːr] **インドー**		➡	⬇	形 屋内の，室内の
808 **flag** [flæg] **ふらッグ**		➡	⬇	名 旗，国旗
809 **nature** [néɪtʃər] **ネイチャ**		➡	⬇	名 自然，自然界；性質
810 **climate** [kláɪmət] **クらイメット**		➡	⬇	名 気候

❷ 記憶から引き出す

意味	ID	単語を書こう
名 自然, 自然界	809	
名 賞, 賞金	796	
名 競争, レース	797	
名 得点, スコア	794	
名 試合	798	
動 (を)訓練する, トレーニングする	804	
名 コーチ, 指導員	802	
名 旗, 国旗	808	
形 プロの	800	
名 勝利	792	

意味	ID	単語を書こう
名 賞	795	
名 ライバル, 競争相手	803	
動 運動する	805	
形 屋内の, 室内の	807	
動 (反復的に)(を)練習する	806	
名 運動選手	801	
動 (競技など)(に)勝つ	791	
名 気候	810	
名 記録, 最高記録	793	
名 トーナメント	799	

❸ Drill 40 の復習テスト

✔	単語 なぞって書く	ID	意味を書こう
	magic	777	
	passenger	786	
	vacation	788	
	portrait	776	
	tune	771	
	adventure	781	
	photograph	775	
	guide	787	
	journey	779	
	tourist	785	

✔	単語 なぞって書く	ID	意味を書こう
	souvenir	789	
	pack	790	
	explore	782	
	film	772	
	comic	774	
	tour	778	
	camp	784	
	wander	783	
	sightseeing	780	
	cartoon	773	

忘れていた単語は, p.134 の My Word List へ **GO**

単語	1回目 意味を確認して単語を書く	2回目 発音しながら単語を書く	3回目 意味に合う単語を書く	意味
811 **forecast** [fɔ́ːrkæst] ふォーキャスト		⇒	⬇	名 予報，予測 動 を予報[予測]する
812 **temperature** [témpərətʃər] テンペラチャ		⇒	⬇	名 温度，気温；体温
813 **wind** [wínd] ウィンド		⇒	⬇	名 風
814 **breeze** [bríːz] ブリーズ		⇒	⬇	名 そよ風
815 **storm** [stɔ́ːrm] ストーム		⇒	⬇	名 嵐
816 **thunder** [θʌ́ndər] サンダァ		⇒	⬇	名 雷，雷鳴
817 **wave** [wéɪv] ウェイヴ		⇒	⬇	名 波；(急な)高まり，増加 動 (合図などで)(手・旗など)を振る
818 **ray** [réɪ] レイ		⇒	⬇	名 光線
819 **sunlight** [sʌ́nlàɪt] サンライト		⇒	⬇	名 日光
820 **sunshine** [sʌ́nʃàɪn] サンシャイン		⇒	⬇	名 日差し，日なた
821 **sunset** [sʌ́nsèt] サンセット		⇒	⬇	名 日没；夕焼け
822 **landscape** [lǽndskèɪp] らン(ド)スケイプ		⇒	⬇	名 (見渡せる陸地の)風景，景色
823 **continent** [kɑ́(ː)ntənənt] カ(ー)ンティネント		⇒	⬇	名 大陸
824 **ocean** [óʊʃən] オウシャン		⇒	⬇	名 〔the ～〕海；〔通例 Ocean〕大洋
825 **island** [áɪlənd] アイらンド		⇒	⬇	名 島
826 **ground** [gráʊnd] グラウンド		⇒	⬇	名 地面
827 **cave** [kéɪv] ケイヴ		⇒	⬇	名 洞窟
828 **bay** [béɪ] ベイ		⇒	⬇	名 湾，入り江
829 **coast** [kóʊst] コウスト		⇒	⬇	名 海岸，沿岸
830 **shore** [ʃɔ́ːr] ショー		⇒	⬇	名 岸

2 記憶から引き出す

意味	ID	単語を書こう	意味	ID	単語を書こう
名(見渡せる陸地の)風景，景色	822		名そよ風	814	
名大陸	823		名湾，入り江	828	
名岸	830		名温度，気温	812	
名海	824		名光線	818	
名日差し，日なた	820		名日光	819	
名地面	826		名雷，雷鳴	816	
名日没	821		名洞窟	827	
名風	813		名海岸，沿岸	829	
名予報，予測	811		名島	825	
名嵐	815		名波	817	

3 Drill41の復習テスト

✔	単語 なぞって書く	ID	意味を書こう	✔	単語 なぞって書く	ID	意味を書こう
	record	793			award	796	
	tournament	799			practice	806	
	indoor	807			professional	800	
	nature	809			flag	808	
	coach	802			climate	810	
	win	791			exercise	805	
	prize	795			score	794	
	race	797			victory	792	
	match	798			rival	803	
	athlete	801			train	804	

忘れていた単語は，p.134のMy Word Listへ **Go→**

単語	1回目 意味を確認して単語を書く	2回目 発音しながら単語を書く	3回目 意味に合う単語を書く	意味
831 **horizon** [həráɪzən] ホライズン				名 (the ~)地平線，水平線
832 **valley** [væli] ヴァリィ				名 谷，盆地
833 **desert** [dézərt] デザァト				名 砂漠
834 **sand** [sænd] サンド				名 砂；(~s)砂地，砂浜
835 **mud** [mʌd] マッド				名 泥，ぬかるみ
836 **rock** [rɑ(:)k] ラ(ー)ック				名 岩，岩石；ロック音楽 動 を揺り動かす
837 **environment** [ɪnváɪərənmənt] インヴァイ(ア)ロンメント				名 (the ~)(自然)環境；(生活・社会)環境
838 **recycle** [rìːsáɪkl] リーサイクる				動 を再(生)処理する，リサイクルする
839 **pollution** [pəlúːʃən] ポるーション				名 汚染，公害
840 **disaster** [dɪzǽstər] ディザスタァ				名 (大)災害
841 **earthquake** [ə́ːrθkwèɪk] ア～すクウェイク				名 地震
842 **flood** [flʌd] ふらッド				名 洪水 動 (場所が)水浸しになる；(川などが)氾濫する
843 **rescue** [réskjuː] レスキュー				動 を救助する 名 救助
844 **creature** [kríːtʃər] クリーチャ				名 生き物，動物
845 **species** [spíːʃiːz] スピーシーズ				名 種[しゅ]
846 **wild** [waɪld] ワイるド				形 野生の；自然のままの；荒々しい 名 野生(の状態)
847 **wildlife** [wáɪldlàɪf] ワイるドらイふ				名 野生生物
848 **insect** [ínsekt] インセクト				名 昆虫
849 **dinosaur** [dáɪnəsɔ̀ːr] ダイナソー				名 恐竜
850 **hunt** [hʌnt] ハント				動 狩りをする；を狩る；を探し求める

2 記憶から引き出す

意味	ID	単語を書こう
名 谷，盆地	832	
名 野生生物	847	
名 地平線，水平線	831	
名 砂	834	
名 岩，岩石	836	
名 昆虫	848	
動 を再(生)処理する，リサイクルする	838	
名 生き物，動物	844	
動 狩りをする	850	
名 (自然)環境	837	

意味	ID	単語を書こう
名 泥，ぬかるみ	835	
名 地震	841	
名 種	845	
動 を救助する	843	
名 砂漠	833	
名 汚染，公害	839	
形 野生の	846	
名 恐竜	849	
名 洪水	842	
名 (大)災害	840	

3 Drill42の復習テスト

✓	単語 なぞって書く	ID	意味を書こう
	wave	817	
	cave	827	
	ocean	824	
	wind	813	
	forecast	811	
	continent	823	
	storm	815	
	sunlight	819	
	sunset	821	
	coast	829	

✓	単語 なぞって書く	ID	意味を書こう
	sunshine	820	
	ray	818	
	temperature	812	
	island	825	
	shore	830	
	ground	826	
	breeze	814	
	landscape	822	
	bay	828	
	thunder	816	

忘れていた単語は，p.134 の My Word List へ Go

単語	1回目 意味を確認して単語を書く	2回目 発音しながら単語を書く	3回目 意味に合う単語を書く	意味
851 **bark** [bɑːrk] バーク		➡	⬇	動 **ほえる** 名 ほえ声
852 **nest** [nest] ネスト		➡	⬇	名 **巣**
853 **wood** 東 [wʊd] ウッド		➡	⬇	名 **森**，林；木材
854 **bush** [bʊʃ] ブッシ		➡	⬇	名 **茂み**；低木
855 **branch** [bræntʃ] ブランチ		➡	⬇	名 **枝**；支店
856 **root** [ruːt] ルート		➡	⬇	名 **根**
857 **grass** [græs] グラス		➡	⬇	名 (the〜)**芝生**；草
858 **leaf** [liːf] リーふ		➡	⬇	名 **葉**
859 **bloom** [bluːm] ブるーム		➡	⬇	名 **開花(期)**；(観賞用の)花 動 咲く
860 **seed** [siːd] スィード		➡	⬇	名 **種**[たね]
861 **human** [hjúːmən] ヒューマン		➡	⬇	形 **人間の**；人間らしい 名 人間
862 **person** 東 [pə́ːrsən] パ〜スン		➡	⬇	名 **人**，人間；(複合語で)…する人
863 **people** 東 [piːpl] ピープる		➡	⬇	名 **人々**；国民，民族
864 **crowd** [kraʊd] クラウド		➡	⬇	名 **群衆**，人混み 動 (に)群がる
865 **generation** [dʒènəréiʃən] ヂェネレイション		➡	⬇	名 **世代(の人々)**
866 **male** [meɪl] メイる		➡	⬇	形 **男性の**，雄の 名 男性；雄
867 **female** 東 ⑦ [fíːmeɪl] ふィーメイる		➡	⬇	形 **女性の**，雌の 名 女性；雌
868 **gender** [dʒéndər] ヂェンダァ		➡	⬇	名 **ジェンダー**，性
869 **neighbor** [néibər] ネイバァ		➡	⬇	名 **隣人**；隣国
870 **stranger** [stréindʒər] ストゥレインヂャ		➡	⬇	名 (その土地に)**不案内な人**；見知らぬ人

❷ 記憶から引き出す

意味	ID	単語を書こう
名 茂み	854	
名 種	860	
名 人, 人間	862	
動 ほえる	851	
名 根	856	
形 人間の	861	
形 男性の, 雄の	866	
名 ジェンダー, 性	868	
名 開花(期)	859	
名 森, 林	853	

意味	ID	単語を書こう
名 世代(の人々)	865	
名 芝生	857	
形 女性の, 雌の	867	
名 枝	855	
名 巣	852	
名 隣人	869	
名 (その土地に)**不案内** な人	870	
名 人々	863	
名 群衆, 人混み	864	
名 葉	858	

❸ Drill43の復習テスト

✓	単語 なぞって書く	ID	意味を書こう
	disaster	840	
	mud	835	
	wild	846	
	dinosaur	849	
	environment	837	
	rock	836	
	pollution	839	
	rescue	843	
	desert	833	
	hunt	850	

✓	単語 なぞって書く	ID	意味を書こう
	earthquake	841	
	sand	834	
	species	845	
	recycle	838	
	insect	848	
	creature	844	
	valley	832	
	horizon	831	
	flood	842	
	wildlife	847	

忘れていた単語は, p.134 の My Word List へ **Go**▶

単語	1回目 意味を確認して単語を書く	2回目 発音しながら単語を書く	3回目 意味に合う単語を書く	意味
871 **birth** [bə:rθ] バ〜す				名 誕生；出産
872 **childhood** [tʃáɪldhὺd] チャイるドフッド				名 子供時代
873 **youth** 発 [ju:θ] ユーす				名 青年時代；若さ
874 **teenager** [tí:nèɪdʒər] ティーネイヂャ				名 ティーンエイジャー， 10代の若者
875 **adult** [ədʌ́lt] アダるト				名 大人，成人 形 成人の，大人の
876 **junior** [dʒú:njər] ヂューニャ				名 (one's ~)年少者；(地位な どが)下位の人，後輩 形 (地位などが)下位の，後輩の
877 **senior** [sí:njər] スィーニャ				名 (one's ~)年長者，高齢者； (地位などが)上位の人，先輩 形 (地位などが)上位の，先輩の
878 **elderly** [éldərli] エるダァリィ				形 年配の
879 **dead** [ded] デッド				形 死んでいる，枯れた； (機器が)機能しない
880 **age** [eɪdʒ] エイヂ				名 年齢；時代，時期 動 年を取る
881 **physical** [fízɪkəl] ふィズィカる				形 身体の，肉体の；物質 の，物理的な；物理学の
882 **condition** [kəndíʃən] コンディション				名 状態，体調；(~s)状況， 環境
883 **function** [fʌ́ŋkʃən] ふァンクション				名 機能，働き 動 機能する
884 **sight** 発 [saɪt] サイト				名 視力；見ること；視界； 光景
885 **weight** 発 [weɪt] ウェイト				名 体重；重さ
886 **fat** [fæt] ふァット				形 太った；脂肪の多い 名 脂肪
887 **thin** [θɪn] すィン				形 やせた；細い；薄い
888 **slim** [slɪm] スリム				形 ほっそりした，スリム な；わずかな 動 (努力して)やせる
889 **ugly** [ʌ́gli] アグリィ				形 醜い，不格好な
890 **thirsty** 発 [θɔ́:rsti] さ〜スティ				形 喉の渇いた

2 記憶から引き出す

意味	ID	単語を書こう
名 青年時代	873	
名 機能, 働き	883	
形 ほっそりした, スリムな	888	
名 視力	884	
形 やせた	887	
形 太った	886	
名 年齢	880	
名 子供時代	872	
名 ティーンエイジャー, 10代の若者	874	
名 年少者	876	*one's*

意味	ID	単語を書こう
名 大人, 成人	875	
形 死んでいる, 枯れた	879	
形 喉の渇いた	890	
名 誕生	871	
形 年配の	878	
形 醜い, 不格好な	889	
名 体重	885	
名 年長者, 高齢者	877	*one's*
名 状態, 体調	882	
形 身体の, 肉体の	881	

3 Drill 44の復習テスト

✔	単語 なぞって書く	ID	意味を書こう
	gender	868	
	generation	865	
	bush	854	
	male	866	
	leaf	858	
	female	867	
	crowd	864	
	grass	857	
	bloom	859	
	wood	853	

✔	単語 なぞって書く	ID	意味を書こう
	branch	855	
	human	861	
	stranger	870	
	person	862	
	neighbor	869	
	seed	860	
	bark	851	
	nest	852	
	people	863	
	root	856	

忘れていた単語は, p.134のMy Word Listへ **Go**

単語	1回目 意味を確認して単語を書く	2回目 発音しながら単語を書く	3回目 意味に合う単語を書く	意味
891 **tear** 発[tɪər] ティア		⇒	⬇	名 (~s)涙 動 翻を引き裂く
892 **sweat** 発[swet] ス**ウェ**ット		⇒	⬇	名 汗(をかいている状態)； (~s)服 スエットスーツ 動 汗をかく
893 **hospital** [há(:)spɪtəl] **ハ**(ー)スピトゥる		⇒	⬇	名 病院
894 **ambulance** [ǽmbjələns] **ア**ンビュらンス		⇒	⬇	名 救急車
895 **wheelchair** [hwíːltʃèər] (フ)**ウィ**ーるチェア		⇒	⬇	名 車椅子
896 **patient** 発[péɪʃənt] **ペ**イシェント		⇒	⬇	名 患者 形 忍耐強い
897 **disease** 発[dɪzíːz] ディ**ズィ**ーズ		⇒	⬇	名 病気
898 **illness** [ílnəs] **イ**るネス		⇒	⬇	名 病気(の状態)
899 **ill** [ɪl] **イ**る		⇒	⬇	形 圏病気で，気分が悪い 副 悪く
900 **pain** [peɪn] **ペ**イン		⇒	⬇	名 痛み；苦痛
901 **injure** [índʒər] **イ**ンヂャ		⇒	⬇	動 を傷つける，痛める
902 **headache** 発[hédèɪk] **ヘ**デイク		⇒	⬇	名 頭痛；悩みの種
903 **cancer** [kǽnsər] **キャ**ンサァ		⇒	⬇	名 癌[がん]
904 **breathe** 発[briːð] **ブ**リーず		⇒	⬇	動 呼吸する；を吸い込む
905 **touch** 発[tʌtʃ] **タ**ッチ		⇒	⬇	動 に触れる；を感動させる 名 触れること；手触り，感触
906 **pat** [pæt] **パ**ット		⇒	⬇	動 (手のひらで)を(軽く) たたく 名 軽くたたくこと
907 **shout** [ʃaʊt] **シャ**ウト		⇒	⬇	動 (を)叫ぶ，大声で話す 名 叫び声，大声
908 **scream** [skriːm] ス**ク**リーム		⇒	⬇	動 金切り声を出す 名 金切り声，叫び声
909 **whisper** [hwíspər] (フ)**ウィ**スパァ		⇒	⬇	動 (を)ささやく，小声で話 す 名 ささやき声
910 **bow** 発[baʊ] **バ**ウ		⇒	⬇	動 おじぎをする，頭を下 げる 名 おじぎ；翻弓

2 記憶から引き出す

意味	ID	単語を書こう	意味	ID	単語を書こう
名 痛み	900		名 頭痛	902	
形 医 病気で，気分が悪い	899		名 病院	893	
動 呼吸する	904		名 救急車	894	
名 患者	896		名 涙	891	
動 金切り声を出す	908		名 汗 (をかいている状態)	892	
名 車椅子	895		名 癌	903	
名 病気	897		動 (を)ささやく，小声で話す	909	
名 病気(の状態)	898		動 おじぎをする，頭を下げる	910	
動 に触れる	905		動 (手のひらで)を(軽く)たたく	906	
動 (を)叫ぶ，大声で話す	907		動 を傷つける，痛める	901	

3 Drill 45 の復習テスト

✔	単語 なぞって書く	ID	意味を書こう	✔	単語 なぞって書く	ID	意味を書こう
	thirsty	890			thin	887	
	youth	873			slim	888	
	physical	881			senior	877	
	junior	876			birth	871	
	adult	875			childhood	872	
	age	880			elderly	878	
	condition	882			function	883	
	sight	884			fat	886	
	dead	879			weight	885	
	teenager	874			ugly	889	

忘れていた単語は，p.134 の My Word List へ **GO**

単語	1回目 意味を確認して単語を書く	2回目 発音しながら単語を書く	3回目 意味に合う単語を書く	意味
911 **bend** [bend] ベンド		⮕	⬇	動 **かがむ**；(体の一部)を曲げる
912 **forehead** [fɔ́ːrhèd, fɔ́ːrəd] ふォーヘッド, ふォーレッド		⮕	⬇	名 額[ひたい]
913 **cheek** [tʃiːk] チーク		⮕	⬇	名 頬[ほお]
914 **lip** [lɪp] リップ		⮕	⬇	名 唇
915 **tooth** [tuːθ] トゥーす		⮕	⬇	名 歯
916 **throat** [θrout] すロウト		⮕	⬇	名 喉
917 **shoulder** 発 [ʃóuldər] ショウるダァ		⮕	⬇	名 肩；(重責を担う)肩, 双肩
918 **chest** [tʃest] チェスト		⮕	⬇	名 胸
919 **elbow** [élbou] エるボウ		⮕	⬇	名 肘[ひじ] 動 (人)を押しのける
920 **finger** [fíŋgər] ふィンガァ		⮕	⬇	名 (手の)指
921 **thumb** 発 [θʌm] さム		⮕	⬇	名 (手の)親指
922 **nail** [neɪl] ネイる		⮕	⬇	名 爪；くぎ
923 **toe** 発 [tou] トウ		⮕	⬇	名 (足の)指；つま先
924 **ankle** [ǽŋkl] アンクる		⮕	⬇	名 足首, くるぶし
925 **skin** [skɪn] スキン		⮕	⬇	名 皮膚, 肌；(動物の加工用)(野菜・果物類の)皮
926 **brain** [breɪn] ブレイン		⮕	⬇	名 脳；{~s}頭脳；{~s}優秀な人
927 **heart** 発 [hɑːrt] ハート		⮕	⬇	名 心臓；心；{the ~}中心
928 **stomach** 発 発 [stʌ́mək] スタマック		⮕	⬇	名 胃；腹部
929 **blood** 発 [blʌd] ブラッド		⮕	⬇	名 血液；血統
930 **bone** [boun] ボウン		⮕	⬇	名 骨

❷ 記憶から引き出す

意味	ID	単語を書こう
名 頬	913	
名 肘	919	
名 足首, くるぶし	924	
名 歯	915	
名 (手の)親指	921	
名 額	912	
名 胸	918	
名 血液	929	
名 爪	922	
名 (足の)指	923	

意味	ID	単語を書こう
名 皮膚, 肌	925	
名 脳	926	
名 心臓	927	
名 (手の)指	920	
動 かがむ	911	
名 骨	930	
名 唇	914	
名 喉	916	
名 肩	917	
名 胃	928	

❸ Drill 46 の復習テスト

✔	単語 なぞって書く	ID	意味を書こう
	shout	907	
	bow	910	
	breathe	904	
	whisper	909	
	headache	902	
	disease	897	
	tear	891	
	injure	901	
	illness	898	
	pat	906	

✔	単語 なぞって書く	ID	意味を書こう
	ambulance	894	
	touch	905	
	scream	908	
	sweat	892	
	hospital	893	
	ill	899	
	cancer	903	
	pain	900	
	patient	896	
	wheelchair	895	

忘れていた単語は, p.134 の My Word List へ **Go**

単語	1回目 意味を確認して単語を書く	2回目 発音しながら単語を書く	3回目 意味に合う単語を書く	意味
931 **muscle** [mʌ́sl] マスる		⇒	⬇	名 筋肉
932 **emotion** [ɪmóʊʃən] イモウション		⇒	⬇	名 感情，感動
933 **mind** [maɪnd] マインド		⇒	⬇	名 心，精神；意見 動 を気にする，嫌がる
934 **mental** [méntəl] メントゥる		⇒	⬇	形 心の，精神の
935 **pleasant** [plézənt] プれズント		⇒	⬇	形 楽しい；好感のある
936 **suffer** [sʌ́fər] サふァ		⇒	⬇	動 苦しむ；(苦痛など)を経験する
937 **upset** [ʌ̀psét] アップセット		⇒	⬇	形 取り乱して，動転して 動 を動揺させる
938 **nervous** [nə́:rvəs] ナ〜ヴァス		⇒	⬇	形 心配して，緊張して； 神経質な；神経の
939 **lonely** [lóʊnli] ろウンリィ		⇒	⬇	形 孤独な，ひとりぼっちの
940 **shocked** [ʃɑ(:)kt] シャ(ー)ックト		⇒	⬇	形 衝撃[ショック]を受けた
941 **stress** [stres] ストゥレス		⇒	⬇	名 (精神的)ストレス； (語・音声の)強勢 動 を強調する
942 **mad** [mæd] マッド		⇒	⬇	形 怒って；ばかげた
943 **anger** [ǽŋgər] アンガァ		⇒	⬇	名 怒り
944 **joy** [dʒɔɪ] ヂョイ		⇒	⬇	名 喜び
945 **relaxed** [rɪlǽkst] リらックスト		⇒	⬇	形 くつろいだ
946 **fear** [fɪər] ふィア		⇒	⬇	名 恐怖；不安；恐れ，懸念 動 を恐れる，怖がる
947 **panic** [pǽnɪk] パニック		⇒	⬇	名 パニック，(突然の)恐怖心 動 うろたえる
948 **character** [kǽrəktər] キャラクタァ		⇒	⬇	名 性格；特徴；登場人物； 文字
949 **humor** [hjú:mər] ヒューマァ		⇒	⬇	名 ユーモア
950 **frank** [fræŋk] ふランク		⇒	⬇	形 率直な

② 記憶から引き出す

意味	ID	単語を書こう	意味	ID	単語を書こう
形 心配して，緊張して	938		名 性格	948	
名 怒り	943		形 取り乱して，動転して	937	
名 心，精神	933		名 (精神的)ストレス	941	
形 楽しい	935		名 筋肉	931	
形 率直な	950		形 孤独な，ひとりぼっちの	939	
形 怒って	942		名 ユーモア	949	
名 パニック，(突然の)恐怖心	947		名 喜び	944	
名 恐怖	946		形 くつろいだ	945	
名 感情，感動	932		動 苦しむ	936	
形 衝撃[ショック]を受けた	940		形 心の，精神の	934	

③ Drill 47 の復習テスト

✓	単語 なぞって書く	ID	意味を書こう	✓	単語 なぞって書く	ID	意味を書こう
	nail	922			brain	926	
	bend	911			thumb	921	
	lip	914			toe	923	
	cheek	913			elbow	919	
	finger	920			tooth	915	
	shoulder	917			ankle	924	
	bone	930			chest	918	
	skin	925			forehead	912	
	heart	927			blood	929	
	stomach	928			throat	916	

忘れていた単語は，p.134 の My Word List へ GO▶

単語	1回目 意味を確認して単語を書く	2回目 発音しながら単語を書く	3回目 意味に合う単語を書く	意味
951 **cheerful** [tʃíərfəl] チアふる		➡	⬇	形 元気な，陽気な；心地よい
952 **friendly** [fréndli] ふレンドリィ		➡	⬇	形 親切な，好意的な；友好的な；仲のよい
953 **gentle** [dʒéntl] ヂェントゥる		➡	⬇	形 優しい；穏やかな
954 **calm** 発 [kɑːm] カーム		➡	⬇	形 落ち着いた；穏やかな 動 落ち着く，を落ち着かせる 名 平穏，静けさ
955 **lively** 発 [láɪvli] らイヴリィ		➡	⬇	形 元気な，活発な
956 **shy** [ʃaɪ] シャイ		➡	⬇	形 恥ずかしがりの
957 **strict** [strɪkt] ストゥリクト		➡	⬇	形 厳しい，厳格な
958 **positive** [pá(ː)zətɪv] パ(ー)ズィティヴ		➡	⬇	形 前向きの，積極的な；肯定的な，有益な
959 **negative** [négətɪv] ネガティヴ		➡	⬇	形 悲観的な，消極的な；否定的な，否定の
960 **active** [ǽktɪv] アクティヴ		➡	⬇	形 活動的な，活発な；積極[自発]的な；活動中の
961 **lazy** [léɪzi] れイズィ		➡	⬇	形 怠惰な；のんびりした
962 **communication** [kəmjùːnɪkéɪʃən] コミューニケイション		➡	⬇	名 コミュニケーション，意思疎通；(~s)通信手段
963 **greet** [griːt] グリート		➡	⬇	動 に挨拶する，を出迎える
964 **conversation** [kà(ː)nvərséɪʃən] カ(ー)ンヴァセイション		➡	⬇	名 会話，おしゃべり
965 **chat** [tʃæt] チャット		➡	⬇	動 おしゃべりする；チャットする 名 おしゃべり；チャット
966 **text** 発 [tekst] テクスト		➡	⬇	動 (ショート)メッセージを送る　名 本文；テキストメッセージ；テキスト文書
967 **e-mail** [íːmèɪl] イーメイる		➡	⬇	名 E[電子]メール 動 にEメールを送る
968 **address** ア [ədrés] アドゥレス		➡	⬇	名 住所，アドレス；演説 動 に演説する；(通例受け身形)に宛名[宛先]を書く
969 **translate** [trǽnsleɪt] トゥランスれイト		➡	⬇	動 (を)翻訳する
970 **argue** [áːrgjuː] アーギュー		➡	⬇	動 口論する，言い争う；(argue that ...)…だと主張する

2 記憶から引き出す

意味	ID	単語を書こう	意味	ID	単語を書こう
形 悲観的な，消極的な	959		名 E[電子]メール	967	
動 口論する，言い争う	970		動 (ショート) メッセージを送る	966	
動 に挨拶する，を出迎える	963		形 優しい	953	
形 元気な，陽気な	951		名 コミュニケーション，意思疎通	962	
動 おしゃべりする	965		形 落ち着いた	954	
名 住所，アドレス	968		動 (を)翻訳する	969	
形 元気な，活発な	955		形 活動的な，活発な	960	
名 会話，おしゃべり	964		形 前向きの，積極的な	958	
形 親切な，好意的な	952		形 怠惰な	961	
形 恥ずかしがりの	956		形 厳しい，厳格な	957	

3 Drill 48 の復習テスト

✓	単語 なぞって書く	ID	意味を書こう	✓	単語 なぞって書く	ID	意味を書こう
	emotion	932			pleasant	935	
	mind	933			joy	944	
	character	948			panic	947	
	upset	937			muscle	931	
	suffer	936			humor	949	
	mad	942			mental	934	
	frank	950			fear	946	
	anger	943			nervous	938	
	relaxed	945			shocked	940	
	lonely	939			stress	941	

忘れていた単語は，p.134 の My Word List へ **Go**

単語	1回目 意味を確認して単語を書く	2回目 発音しながら単語を書く	3回目 意味に合う単語を書く	意味
971 **claim** [kleɪm] クれイム		➡	⬇	動 を主張する；(所有物・権利として)を要求する 名 主張；要求，請求
972 **insist** [ɪnsíst] インスィスト		➡	⬇	動 (を)強く主張する；を要求する
973 **praise** [preɪz] プレイズ		➡	⬇	動 を褒める，賞賛する 名 賞賛(の言葉)
974 **debate** [dɪbéɪt] ディベイト		➡	⬇	名 討論，ディベート 動 (を)討論する
975 **blame** [bleɪm] ブれイム		➡	⬇	動 を非難する；のせい[責任]だとする 名 非難，責任
976 **joke** [dʒoʊk] ヂョウク		➡	⬇	名 冗談 動 冗談を言う
977 **pronounce** [prənáʊns] プロナウンス		➡	⬇	動 を(正しく)発音する
978 **express** [ɪksprés] イクスプレス		➡	⬇	動 を言い表す 名 急行(列車・バス)；速達 形 急行の；速達の
979 **state** [steɪt] ステイト		➡	⬇	動 をはっきりと述べる，表明する 名 状態；州；国家
980 **define** [dɪfáɪn] ディふァイン		➡	⬇	動 を定義する；を明確にする
981 **describe** [dɪskráɪb] ディスクライブ		➡	⬇	動 の特徴を述べる；だと表現する，称する
982 **refer** [rɪfə́:r] リふァ〜		➡	⬇	動 {〜 to)に言及する；{〜 to)を参照する
983 **predict** [prɪdíkt] プリディクト		➡	⬇	動 を予測[予言]する
984 **comment** [ká(:)ment] カ(ー)メント		➡	⬇	名 論評，コメント 動 (だと)論評[コメント]する
985 **term** [tə:rm] タ〜ム		➡	⬇	名 (専門)用語；学期；期間
986 **publish** [pʌ́blɪʃ] パブりッシ		➡	⬇	動 を出版する；を掲載する
987 **novel** [ná(:)vəl] ナ(ー)ヴェる		➡	⬇	名 (長編)小説 形 斬新な
988 **fiction** [fíkʃən] ふィクション		➡	⬇	名 フィクション，小説；作り事
989 **essay** [éseɪ] エセイ		➡	⬇	名 小論文，(学生の)レポート；エッセイ，評論
990 **newspaper** [njú:zpèɪpər] ニューズペイパァ		➡	⬇	名 新聞

2 記憶から引き出す

意味	ID	単語を書こう
名 新聞	990	
動 を褒める, 賞賛する	973	
名 (専門)用語	985	
動 を主張する	971	
動 を出版する	986	
動 を定義する	980	
動 を非難する	975	
動 を予測[予言]する	983	
動 を(正しく)発音する	977	
名 討論, ディベート	974	

意味	ID	単語を書こう
動 をはっきりと述べる, 表明する	979	
名 論評, コメント	984	
動 の特徴を述べる	981	
動 を言い表す	978	
名 冗談	976	
名 フィクション, 小説	988	
動 (を)強く主張する	972	
名 小論文, (学生の)レポート	989	
動 に言及する	982	to
名 (長編)小説	987	

3 Drill 49 の復習テスト

✓	単語 なぞって書く	ID	意味を書こう
	translate	969	
	calm	954	
	positive	958	
	e-mail	967	
	argue	970	
	shy	956	
	conversation	964	
	gentle	953	
	lively	955	
	friendly	952	

✓	単語 なぞって書く	ID	意味を書こう
	greet	963	
	active	960	
	negative	959	
	lazy	961	
	cheerful	951	
	address	968	
	communication	962	
	text	966	
	strict	957	
	chat	965	

忘れていた単語は, p.134 の My Word List へ **Go**

単語	1回目 意味を確認して単語を書く	2回目 発音しながら単語を書く	3回目 意味に合う単語を書く	意味
991 **magazine** [mǽgəziːn] マガズィーン		⇒		名 雑誌
992 **journal** [dʒə́ːrnəl] ヂャ〜ヌる		⇒	⇓	名 専門誌；定期刊行物
993 **article** [áːrtɪkl] アーティクる		⇒	⇓	名 記事；品物；冠詞
994 **title** [táɪtl] タイトゥる		⇒	⇓	名 題名, タイトル；敬称, 肩書き
995 **poem** 発 [póuəm] ポウエム		⇒	⇓	名 (1編の)詩
996 **tale** [teɪl] テイる		⇒	⇓	名 話, 物語
997 **chapter** [tʃǽptər] チャプタァ		⇒	⇓	名 章
998 **education** [èdʒəkéɪʃən] エヂュケイション		⇒	⇓	名 教育
999 **knowledge** 発 ア [nɑ́(ː)lɪdʒ] ナ(ー)れッヂ		⇒	⇓	名 知識
1000 **intelligent** [ɪntélɪdʒənt] インテリヂェント		⇒	⇓	形 知能の高い；知能のある
1001 **logic** [lɑ́(ː)dʒɪk] ら(ー)ヂック		⇒	⇓	名 論理, 論法；論理学
1002 **talent** ア [tǽlənt] タれント		⇒	⇓	名 才能；才能のある人々
1003 **master** [mǽstər] マスタァ		⇒	⇓	動 を習得する 名 達人；修士 形 最重要な；元になる
1004 **solve** [sɑ́(ː)lv] サ(ー)るヴ		⇒	⇓	動 を解く, 解答する；を解決する
1005 **review** ア [rɪvjúː] リヴュー		⇒	⇓	動 (を)復習する；を論評する 名 復習；論評
1006 **textbook** [tékstbʊ̀k] テクストブック		⇒	⇓	名 教科書
1007 **dictionary** [díkʃənèri] ディクショネリィ		⇒	⇓	名 辞書
1008 **lecture** [léktʃər] れクチャ		⇒	⇓	名 講義；説教
1009 **subject** [sʌ́bdʒekt] サブヂェクト		⇒	⇓	名 科目；主題, 話題；主語
1010 **mathematics** 発 [mæ̀θəmǽtɪks] マせマティックス		⇒	⇓	名 数学；計算

2 記憶から引き出す

意味	ID	単語を書こう
動 を習得する	1003	
名 題名，タイトル	994	
名 話，物語	996	
形 知能の高い	1000	
名 辞書	1007	
名 講義	1008	
名 章	997	
名 科目	1009	
名 記事	993	
名 論理，論法	1001	

意味	ID	単語を書こう
動 (を)復習する	1005	
名 才能	1002	
名 専門誌	992	
名 数学	1010	
名 教育	998	
動 を解く，解答する	1004	
名 雑誌	991	
名 (1編の)詩	995	
名 教科書	1006	
名 知識	999	

3 Drill 50 の復習テスト

✔	単語 なぞって書く	ID	意味を書こう
	novel	987	
	comment	984	
	pronounce	977	
	state	979	
	essay	989	
	joke	976	
	term	985	
	publish	986	
	predict	983	
	fiction	988	

✔	単語 なぞって書く	ID	意味を書こう
	blame	975	
	claim	971	
	define	980	
	praise	973	
	debate	974	
	describe	981	
	express	978	
	refer	982	
	insist	972	
	newspaper	990	

忘れていた単語は，p.134 の My Word List へ GO▶

単語	1回目 意味を確認して単語を書く	2回目 発音しながら単語を書く	3回目 意味に合う単語を書く	意味
1011 **biology** ⑦ [baɪá(:)lədʒi] バイア(ー)ろヂィ		➡	⬇	名 生物学
1012 **elementary** [èlɪméntəri] エれメンタリィ		➡	⬇	形 初等の；初歩の
1013 **college** [ká(:)lɪdʒ] カ(ー)れッヂ		➡	⬇	名 (単科)大学；専門学校
1014 **university** ⑦ [jùːnɪvə́ːrsəti] ユーニヴァ〜スィティ		➡	⬇	名 (総合)大学
1015 **scholar** ❀ [ská(:)lər] スカ(ー)らァ		➡	⬇	名 学者
1016 **enter** [éntər] エンタァ		➡	⬇	動 に入学する，加入する；(に)入る
1017 **attend** [əténd] アテンド		➡	⬇	動 (に)出席する，(学校など)に通う；注意を向ける
1018 **absent** ⑦ [ǽbsənt] アブセント		➡	⬇	形 欠席の
1019 **graduate** [grǽdʒuèɪt] グラヂュエイト		➡	⬇	動 卒業する
1020 **grade** [greɪd] グレイド		➡	⬇	名 成績，評点；学年；等級
1021 **quiz** ❀ [kwɪz] クウィズ		➡	⬇	名 小テスト；(テレビなどの)クイズ
1022 **homework** [hóʊmwə̀ːrk] ホウムワ〜ク		➡	⬇	名 宿題
1023 **science** [sáɪəns] サイエンス		➡	⬇	名 科学；理科
1024 **chemical** ❀ [kémɪkəl] ケミカる		➡	⬇	形 化学(上)の 名 化学製品[薬品]
1025 **experiment** ⑦ [ɪkspérɪmənt] イクスペリメント		➡	⬇	名 実験 動 ◀発別▶ 実験をする
1026 **element** [élɪmənt] エれメント		➡	⬇	名 元素；要素，要因
1027 **oxygen** [á(:)ksɪdʒən] ア(ー)クスィヂェン		➡	⬇	名 酸素
1028 **technology** ⑦ [tekná(:)lədʒi] テクナ(ー)ろヂィ		➡	⬇	名 科学技術，テクノロジー
1029 **advance** [ədvǽns] アドヴァンス		➡	⬇	名 進歩；前進 動 進歩する，を進歩させる；進む，を推進する 形 事前の
1030 **machine** ❀ [məʃíːn] マシーン		➡	⬇	名 機械(装置)

❷ 記憶から引き出す

意味	ID	単語を書こう
名 (総合)大学	1014	
名 生物学	1011	
名 科学技術，テクノロジー	1028	
名 酸素	1027	
形 欠席の	1018	
名 小テスト	1021	
形 化学(上)の	1024	
名 機械(装置)	1030	
名 宿題	1022	
動 卒業する	1019	

意味	ID	単語を書こう
名 学者	1015	
名 科学	1023	
名 実験	1025	
動 (に)出席する，(学校など)に通う	1017	
動 に入学する，加入する	1016	
名 進歩	1029	
名 成績，評点	1020	
形 初等の	1012	
名 (単科)大学	1013	
名 元素	1026	

❸ Drill 51の復習テスト

✔	単語 なぞって書く	ID	意味を書こう
	review	1005	
	magazine	991	
	textbook	1006	
	chapter	997	
	intelligent	1000	
	knowledge	999	
	tale	996	
	mathematics	1010	
	lecture	1008	
	logic	1001	

✔	単語 なぞって書く	ID	意味を書こう
	talent	1002	
	poem	995	
	subject	1009	
	dictionary	1007	
	education	998	
	master	1003	
	title	994	
	solve	1004	
	journal	992	
	article	993	

忘れていた単語は，p.134 の My Word List へ **GO**

単語	1回目 意味を確認して単語を書く	2回目 発音しながら単語を書く	3回目 意味に合う単語を書く	意味
1031 **automatic** [ɔ̀:təmǽtɪk] オートマティック		⇨	⇩	形 自動(式)の
1032 **invent** ⑦[ɪnvént] インヴェント		⇨	⇩	動 を発明する
1033 **operate** ⑦[á(:)pərèt] ア(ー)ペレイト		⇨	⇩	動 を操作する；作動する； 手術する
1034 **artificial** ⑦[à:rtɪfíʃəl] アーティふィシャる		⇨	⇩	形 人工の
1035 **web** [web] ウェッブ		⇨	⇩	名 (the Web) ウェブ；クモの 巣
1036 **material** [mətíəriəl] マティ(ア)リアる		⇨	⇩	名 材料，原料；資料；生地 形 物質の；物質的な
1037 **resource** [rí:sɔ:rs] リーソース		⇨	⇩	名 (~s)資源；資料
1038 **energy** ⑰⑦[énərdʒi] エナヂィ		⇨	⇩	名 エネルギー；活力
1039 **electricity** ⑦[ɪlèktrísəti] イれクトゥリスィティ		⇨	⇩	名 電気，電力
1040 **battery** [bǽtəri] バタリィ		⇨	⇩	名 バッテリー，電池
1041 **oil** [ɔɪl] オイる		⇨	⇩	名 石油，原油；(食用)油， オイル
1042 **gas** [gæs] ギャス		⇨	⇩	名 ガス；⽶ガソリン；気体
1043 **coal** ⑰[koul] コウる		⇨	⇩	名 石炭
1044 **metal** [métəl] メトゥる		⇨	⇩	名 金属
1045 **steel** [sti:l] スティーる		⇨	⇩	名 鋼鉄
1046 **nuclear** [njú:kliər] ニュークリア		⇨	⇩	形 核エネルギーの，原子 力の；核兵器の
1047 **universe** ⑦[jú:nɪvə̀:rs] ユーニヴァ〜ス		⇨	⇩	名 (the ~)宇宙；全世界
1048 **planet** [plǽnɪt] プらネット		⇨	⇩	名 惑星；(the ~)地球，世界
1049 **astronaut** ⑰⑦[ǽstrənɔ̀:t] アストゥロノート		⇨	⇩	名 宇宙飛行士
1050 **earth** ⑰[ə:rθ] ア〜す		⇨	⇩	名 (the ~ / (the) E-)地球；地 面，地上

2 記憶から引き出す

意味	ID	単語を書こう	意味	ID	単語を書こう
名 ガス	1042		名 宇宙	1047	
名 資源	1037		形 人工の	1034	
動 を操作する	1033		名 バッテリー，電池	1040	
名 惑星	1048		動 を発明する	1032	
名 地球	1050		名 エネルギー	1038	
名 鋼鉄	1045		形 核エネルギーの，原子力の	1046	
名 石油，原油	1041		名 金属	1044	
形 自動(式)の	1031		名 ウェブ	1035	
名 電気，電力	1039		名 材料，原料	1036	
名 石炭	1043		名 宇宙飛行士	1049	

3 Drill 52 の復習テスト

✓	単語 なぞって書く	ID	意味を書こう	✓	単語 なぞって書く	ID	意味を書こう
	grade	1020			technology	1028	
	science	1023			scholar	1015	
	university	1014			college	1013	
	experiment	1025			graduate	1019	
	oxygen	1027			homework	1022	
	biology	1011			elementary	1012	
	machine	1030			attend	1017	
	absent	1018			advance	1029	
	quiz	1021			enter	1016	
	chemical	1024			element	1026	

忘れていた単語は，p.134 の My Word List へ GO▶

単語	1回目 意味を確認して単語を書く	2回目 発音しながら単語を書く	3回目 意味に合う単語を書く	意味
1051 **cash** [kæʃ] キャッシ				名 現金
1052 **earn** [ə:rn] ア〜ン				動 (働いて)(お金)を得る；(名声など)を得る
1053 **reward** 楽 [rɪwɔ́:rd] リウォード				名 報酬, ほうび 動 に報酬を与える
1054 **income** ⑦ [ínkʌm] インカム				名 (定期的な)収入, 所得
1055 **budget** [bʌ́dʒət] バヂェット				名 予算, 経費
1056 **tax** [tæks] タックス				名 税金 動 に税金を課す
1057 **consume** [kənsjú:m] コンス(ュ)ーム				動 を消費する
1058 **benefit** [bénɪfɪt] ベネふィット				名 利益, 恩恵 動 利益を得る；のためになる
1059 **wealth** 楽 [welθ] ウェるす				名 富, 財産
1060 **price** [praɪs] プライス				名 価格
1061 **cheap** [tʃi:p] チープ				形 (想定よりも)安い；安っぽい
1062 **reasonable** [rí:zənəbl] リーズナブる				形 (価格などが)手頃な；(人が)道理をわきまえた；(言動などが)筋の通った
1063 **sale** [seɪl] セイる				名 特売；販売；(~s)売上(高)
1064 **charge** [tʃɑ:rdʒ] チャーヂ				名 (サービスへの)料金；責任；告発 動 を請求する；を充電する
1065 **advertisement** [ædvərtáɪzmənt] アドヴァタイズメント				名 広告, 宣伝
1066 **commercial** [kəmə́:rʃəl] コマ〜シャる				形 営利[商業]的な；商業(上)の 名 (テレビ・ラジオの)コマーシャル
1067 **trade** [treɪd] トゥレイド				名 貿易, 取引；交換 動 貿易[取引]する；を交換する
1068 **import** ⑦ [ɪmpɔ́:rt] インポート				動 を輸入する 名 アク 輸入(品)
1069 **export** ⑦ [ɪkspɔ́:rt] イクスポート				動 を輸出する 名 アク 輸出(品)
1070 **factory** [fǽktəri] ふァクトリィ				名 工場

2 記憶から引き出す

意味	ID	単語を書こう
形 営利[商業]的な	1066	
名 価格	1060	
名 税金	1056	
名 報酬, ほうび	1053	
動 を消費する	1057	
名 貿易, 取引	1067	
動 を輸入する	1068	
形 (価格などが)手頃な	1062	
動 (働いて)(お金)を得る	1052	
名 特売	1063	

意味	ID	単語を書こう
名 工場	1070	
名 現金	1051	
動 を輸出する	1069	
名 富, 財産	1059	
名 (定期的な)収入, 所得	1054	
名 利益, 恩恵	1058	
名 (サービスへの)料金	1064	
名 広告, 宣伝	1065	
形 (想定よりも)安い	1061	
名 予算, 経費	1055	

3 Drill 53 の復習テスト

✔	単語 なぞって書く	ID	意味を書こう
	planet	1048	
	steel	1045	
	battery	1040	
	astronaut	1049	
	resource	1037	
	automatic	1031	
	universe	1047	
	gas	1042	
	nuclear	1046	
	electricity	1039	

✔	単語 なぞって書く	ID	意味を書こう
	oil	1041	
	material	1036	
	artificial	1034	
	metal	1044	
	earth	1050	
	energy	1038	
	operate	1033	
	coal	1043	
	web	1035	
	invent	1032	

忘れていた単語は, p.134 の My Word List へ **GO▶**

単語	1回目 意味を確認して単語を書く	2回目 発音しながら単語を書く	3回目 意味に合う単語を書く	意味
1071 **agriculture** ⑦[ǽgrɪkʌ̀ltʃər] アグリカるチャ		➡	⬇	名 農業
1072 **society** [səsáɪəti] ソサイエティ		➡	⬇	名 社会；協会；社交界
1073 **community** ⑦[kəmjúːnəti] コミューニティ		➡	⬇	名 地域社会(の住民)；共同体
1074 **organization** [ɔ̀ːrɡənəzéɪʃən] オーガニゼイション		➡	⬇	名 組織，団体
1075 **committee** [kəmíti] コミッティ		➡	⬇	名 委員会，(全)委員
1076 **charity** [tʃǽrəti] チャリティ		➡	⬇	名 慈善行為[事業]；慈善団体
1077 **citizen** [sítəzən] スィティズン		➡	⬇	名 国民；市民
1078 **duty** [djúːti] デューティ		➡	⬇	名 義務；職務；関税
1079 **law** 発[lɔː] ろー		➡	⬇	名 法律；～法
1080 **judge** 発[dʒʌdʒ] チャッヂ		➡	⬇	名 裁判官；(コンテストなどの)審査員 動 (を)判断する；(に)判決を下す
1081 **court** [kɔːrt] コート		➡	⬇	名 法廷，裁判所；(運動施設の)コート
1082 **guard** 発[ɡɑːrd] ガード		➡	⬇	名 警戒，見張り；警備員；防護物 動 を守る，警護する，監視する
1083 **arrest** [ərést] アレスト		➡	⬇	動 を逮捕する 名 逮捕
1084 **punish** [pʌ́nɪʃ] パニッシ		➡	⬇	動 を罰する
1085 **crime** [kraɪm] クライム		➡	⬇	名 犯罪
1086 **murder** 発[mə́ːrdər] マ～ダァ		➡	⬇	名 殺人(事件) 動 を殺害する
1087 **shoot** [ʃuːt] シュート		➡	⬇	動 (銃で)(を)撃つ，(銃)を撃つ；シュートする
1088 **steal** 発[stiːl] スティーる		➡	⬇	動 を盗む
1089 **rob** [rɑ(ː)b] ラ(ー)ップ		➡	⬇	動 (人など)を襲って奪う
1090 **thief** [θiːf] すィーふ		➡	⬇	名 泥棒

② 記憶から引き出す

意味	ID	単語を書こう
图 慈善行為 [事業]	1076	
图 農業	1071	
動 を逮捕する	1083	
图 殺人（事件）	1086	
图 法律	1079	
图 警戒，見張り	1082	
動 （銃で）（を）撃つ，（銃）を撃つ	1087	
图 委員会，（全）委員	1075	
動 （人など）を襲って奪う	1089	
图 地域社会（の住民）	1073	

意味	ID	単語を書こう
图 裁判官	1080	
動 を罰する	1084	
图 社会	1072	
動 を盗む	1088	
图 犯罪	1085	
图 組織，団体	1074	
图 義務	1078	
图 法廷，裁判所	1081	
图 泥棒	1090	
图 国民	1077	

③ Drill 54 の復習テスト

✔	単語 なぞって書く	ID	意味を書こう
	wealth	1059	
	tax	1056	
	price	1060	
	trade	1067	
	earn	1052	
	cash	1051	
	factory	1070	
	benefit	1058	
	budget	1055	
	income	1054	

✔	単語 なぞって書く	ID	意味を書こう
	reasonable	1062	
	import	1068	
	export	1069	
	sale	1063	
	reward	1053	
	charge	1064	
	cheap	1061	
	commercial	1066	
	consume	1057	
	advertisement	1065	

忘れていた単語は，p.134 の My Word List へ **Go**

単語	1回目 意味を確認して単語を書く	2回目 発音しながら単語を書く	3回目 意味に合う単語を書く	意味
1091 **victim** [víktɪm] **ヴィ**クティム		⇨	⬇	名 犠牲[被害]者
1092 **drug** [drʌg] **ドゥ**ラッグ		⇨	⬇	名 薬物, 麻薬；薬
1093 **poverty** [pá(:)vərti] **パ**(ー)**ヴァ**ティ		⇨	⬇	名 貧乏, 貧困
1094 **government** [gʌ́vərnmənt] **ガ**ヴァ(ン)メント		⇨	⬇	名 政府；政治
1095 **policy** [pá(:)ləsi] **パ**(ー)リスィ		⇨	⬇	名 政策, 方針；(個人の)主義
1096 **nation** [néɪʃən] **ネイ**ション		⇨	⬇	名 国家, 国；(the 〜)国民
1097 **capital** [kǽpətəl] **キャ**ピトゥる		⇨	⬇	名 首都；(産業等の)中心地；大文字；資本 形 大文字の
1098 **international** [ìntərnǽʃənəl] インタ**ナ**ショヌる		⇨	⬇	形 国際的な, 国家間の
1099 **global** [glóʊbəl] グ**ろウ**バる		⇨	⬇	形 全世界の, 地球全体の
1100 **election** [ɪlékʃən] イ**れ**クション		⇨	⬇	名 選挙
1101 **vote** [voʊt] **ヴォ**ウト		⇨	⬇	動 投票をする；を投票で決める 名 投票, 票；票決
1102 **president** [prézɪdənt] プ**レ**ズィデント		⇨	⬇	名 大統領, 総統；社長；会長
1103 **liberty** [líbərti] **リ**バティ		⇨	⬇	名 自由
1104 **fight** [faɪt] ふ**ァイ**ト		⇨	⬇	動 (と)戦う；(と)けんかをする 名 けんか；戦い；奮闘；対戦
1105 **war** 発 [wɔːr] **ウォ**ー		⇨	⬇	名 戦争(状態)；争い, 戦い
1106 **military** [mílətèri] **ミ**リテリィ		⇨	⬇	形 軍(隊)の, 軍用の 名 (the 〜)軍隊
1107 **army** [áːrmi] **アー**ミィ		⇨	⬇	名 (地上)軍隊；(the 〜)陸軍
1108 **soldier** 発 [sóʊldʒər] **ソ**ウるヂャ		⇨	⬇	名 兵士；(陸軍の)軍人
1109 **weapon** 発 [wépən] **ウェ**ポン		⇨	⬇	名 武器, 兵器
1110 **bomb** 発 [bɑ(:)m] **パ**(ー)ム		⇨	⬇	名 爆弾 動 を爆撃する

2 記憶から引き出す

意味	ID	単語を書こう	意味	ID	単語を書こう
名 大統領, 総統	1102		名 武器, 兵器	1109	
名 選挙	1100		名 戦争(状態)	1105	
動 (と)戦う	1104		動 投票をする	1101	
名 貧乏, 貧困	1093		名 自由	1103	
名 政府	1094		名 (地上)軍隊	1107	
名 兵士	1108		名 国家, 国	1096	
名 政策, 方針	1095		形 全世界の, 地球全体の	1099	
名 犠牲[被害]者	1091		名 爆弾	1110	
形 軍(隊)の, 軍用の	1106		名 首都	1097	
名 薬物, 麻薬	1092		形 国際的な, 国家間の	1098	

3 Drill 55 の復習テスト

✓	単語 なぞって書く	ID	意味を書こう	✓	単語 なぞって書く	ID	意味を書こう
	citizen	1077			society	1072	
	community	1073			agriculture	1071	
	arrest	1083			guard	1082	
	duty	1078			steal	1088	
	thief	1090			murder	1086	
	judge	1080			charity	1076	
	rob	1089			law	1079	
	punish	1084			committee	1075	
	court	1081			shoot	1087	
	crime	1085			organization	1074	

忘れていた単語は, p.134 の My Word List へ GO▶

✔	単語 なぞって書く	ID	意味を書こう	✔	単語 なぞって書く	ID	意味を書こう
	war	1105			drug	1092	
	victim	1091			policy	1095	
	poverty	1093			liberty	1103	
	bomb	1110			vote	1101	
	global	1099			soldier	1108	
	president	1102			nation	1096	
	fight	1104			international	1098	
	weapon	1109			election	1100	
	army	1107			government	1094	
	military	1106			capital	1097	

My Word List   Drill 32 〜 56

〜覚えていなかった単語〜

単語	意味

単語	意味

単語	意味	単語	意味

最低「５回」は書いて絶対に覚えよう！

単語	意味	単語	意味

最低「5回」は書いて絶対に覚えよう！

単語	意味	単語	意味

最低「5回」は書いて絶対に覚えよう！

単語	意味		単語	意味

最低「5回」は書いて絶対に覚えよう！

単語	意味	単語	意味

最低「5回」は書いて絶対に覚えよう！

単語	意味		単語	意味

最低「5回」は書いて絶対に覚えよう！

ゆく人だ。□□は、て だ。

熟語	1回目 意味を見て発音しながら熟語を書く	2回目 意味に合う熟語を書く	意味
1111 ...k out			(惨事などが) 突然起こる, 勃発する
		⬇	~に (偶然) 出会う, ~をふと見つける
		⬇	(本などが) 発売される; (太陽・月などが) 現れる
		⬇	~を思いつく
		⬇	~に頼る, ~を当てにする
		⬇	~(の数量など) を減らす
		⬇	(消えて) なくなる, 絶滅する
		⬇	(~(人) を) ちょっと訪れる
		⬇	自由に [遠慮なく]…する
		⬇	(~(人) と) 仲よくやっている; (~(仕事や状況) で) うまくやっていく
		⬇	~(やるべきこと) から逃れる; ~(習慣など) をやめる
		⬇	~から回復する, 立ち直る; ~を克服する
1123 get through ~	⬇	⬇	~(困難など) を切り抜ける; ~(仕事など) を終える
1124 give way (to ~)	⬇	⬇	(~に) 譲歩する, 屈する; ~に取って代わられる
1125 go along with ~	⬇	⬇	~に賛成する, を支持する
1126 head for ~	⬇	⬇	~(場所・悪い状況) に向かう
1127 keep [bear] ~ in mind	⬇	⬇	~を心に留めておく
1128 keep [stay] in touch (with ~)	⬇	⬇	(~と) 連絡を取り続ける
1129 learn (how) to *do*	⬇	⬇	…できるようになる, …の仕方を習う [覚える]
1130 look back (on ~)	⬇	⬇	(~を) 回想する, 振り返る

熟語	1回目 意味を見て発音しながら熟語を書く	2回目 意味に合う熟語を書く	意味
1131 **look into ~**			～を調査する；～をのぞき込む
1132 **look over ~ / look ~ over**			～をざっと調べる，～に目を通す
1133 **look up to ~**			～を尊敬する
1134 **make a difference (to ~)**			(～にとって)影響がある，重要である
1135 **make [earn] a [one's] living**			生計を立てる
1136 **make up (~) / make ~ up**			～を構成する；～をでっち上げる；(～に)化粧する
1137 **pass away**			亡くなる；滅びる
1138 **point out ~ / point ~ out**			～を指摘する；～を指し示す
1139 **put off ~ / put ~ off**			～を延期する，先延ばしにする
1140 **put together ~ / put ~ together**			～を組み立てる，まとめ上げる
1141 **put up with ~**			～を我慢する
1142 **run after ~**			～を追いかける
1143 **run away (from ~)**			(～から)逃げる
1144 **run out of ~**			～を使い果たす
1145 **stand for ~**			～を意味する，～の略称である；～を支持する
1146 **stand out**			ずば抜けている；目立つ
1147 **take A for B**			A を B だと思う [思い込む]
1148 **take place**			(事が)起こる，行われる
1149 **take up ~ / take ~ up**			(趣味として)～を始める；～(職務など)に就く；～(問題など)を取り上げる
1150 **work on ~**			～(の改善・制作・作業など)に取り組む；～(人)に働きかける

✓	ID	訳文に合う英文になるように空欄に熟語を書こう

☐ 1115 You can (　　　　) (　　　) me anytime.
●いつでも私を<u>当てにして</u>いいからね。

☐ 1112 I (　　　) (　　　　　) my cousin in the mall.
●私はショッピングモールでいとこに<u>出くわした</u>。

☐ 1113 Her new novel is (　　　　) (　　　) soon.
●彼女の新しい小説がまもなく<u>発売される</u>。

☐ 1130 Someday I'll (　　　) (　　　　) (　　　) this day and laugh.
●いつかこの日を<u>振り返って</u>笑うことでしょう。

☐ 1117 The old traditions are (　　　) (　　　) in the city.
●その街では古い伝統が<u>消え</u>つつある。

☐ 1114 How did you (　　　) (　　　) (　　　) the great idea?
●どうやってそのすばらしいアイデアを<u>思いついた</u>の？

☐ 1127 I'll (　　　) your advice (　　　) (　　　).
●君のアドバイスを<u>覚えておきます</u>ね。

☐ 1123 This is how I (　　　) (　　　　) the hot summer.
●こうして私は暑い夏を<u>乗り切った</u>んだ。

☐ 1126 The plane was (　　　　) (　　　) New York.
●飛行機はニューヨークに<u>向かっていた</u>。

☐ 1125 She (　　　) (　　　) (　　　) me.
●彼女は私に<u>賛同して</u>くれた。

☐ 1111 A fire (　　　) (　　　) near here last night.
●昨晩この近くで火事が<u>起こった</u>。

☐ 1116 I need to (　　　) (　　　) (　　　) the salt.
●私は塩分を<u>減らす</u>必要がある。

☐ 1124 I didn't (　　　) (　　　) (　　　) her on this point.
●私はこの点では彼女に<u>譲歩し</u>なかった。

☐ 1129 How did you (　　　) (　　　) cook so many recipes?
●どうやってそんなにたくさんのレシピを料理<u>できるようになった</u>のですか。

☐ 1122 He's completely (　　　) (　　　) the disease.
●彼はすっかり病気から<u>回復した</u>。

☐ 1118 I'll (　　　) (　　　) (　　　) you when I have time.
●時間のあるときにあなたを<u>ちょっと訪ね</u>ますね。

☐ 1120 How are you (　　　　) (　　　　) (　　　) him?
●彼とは<u>仲よくやっています</u>か。

☐ 1121 I really wanted to (　　　) (　　　) (　　　) today's meeting.
●私は本当に今日の会議には<u>出ずに済ませ</u>たかった。

☐ 1128 Do you still (　　　) (　　　) (　　　) (　　　) him?
●まだ彼とは<u>連絡を取り合っている</u>のかな？

☐ 1119 Please (　　　) (　　　) (　　　) ask me about it.
●そのことについて私に<u>自由に</u>聞いてください。

忘れていた熟語は，p.147 の My Idiom List へ **Go ▶**

熟語	1回目 意味を見て発音しながら熟語を書く	2回目 意味に合う熟語を書く	意味
1151 **all at once**			（予期せずに）**突然**；いっせいに
1152 **all the way**			はるばる，ずっと
1153 **along with 〜**			〜と一緒に，〜に加えて
1154 **at least**			少なくとも
1155 **at (the) most**			せいぜい，多くても
1156 **by way of 〜**			〜を通って；〜の形 [手段] で
1157 **for some time**			かなり長い間；しばらくの間
1158 **face to face (with 〜)**			（〜（人）に）面と向かって；（〜（事態・困難など）に）直面して
1159 **first of all**			まず第一に；何よりもまず
1160 **in advance**			あらかじめ，〜前に；前金で
1161 **in all**			全部で，合計で
1162 **in place of 〜 / in 〜's place**			〜の代わりに
1163 **in return (for 〜)**			（〜の）お返しに
1164 **in the long run**			長い目で見れば，結局は
1165 **in time (for 〜)**			（〜に）間に合うように，遅れずに
1166 **on sale**			販売されて；特売で
1167 **on time**			時間通りに，定刻に
1168 **one by one**			1つ [1人] ずつ
1169 **out of the question**			論外で，不可能で
1170 **side by side (with 〜)**			（〜と）（横に）並んで；（〜と）一緒に（協力して）

✓	ID	訳文に合う英文になるように空欄に熟語を書こう

☐ 1144 We're (　　　　　) (　　　) (　　　) ideas.
● 私たちはもうアイデアが<u>出てこない</u>ようだね。

☐ 1143 He won't (　　　　) (　　　　　) (　　　　) the problem.
● 彼はその問題<u>から逃げ</u>たりしない。

☐ 1141 You don't have to (　　　　) (　　　) (　　　) it.
● それ<u>を我慢する</u>必要はないんだよ。

☐ 1136 The committee is (　　　　　) (　　　　) of ten experts.
● その委員会は 10 人の専門家で<u>構成</u>されている。

☐ 1140 I (　　　) this shelf (　　　　　) in about 30 minutes.
● 私は 30 分ほどでこの棚を<u>組み立てた</u>。

☐ 1139 The event has been (　　　) (　　　) until next Sunday.
● イベントは翌週の日曜まで<u>延期</u>された。

☐ 1133 I always (　　　) (　　　) (　　　) her for her courage.
● 私はいつも彼女の勇敢さを<u>尊敬</u>している。

☐ 1138 She kindly (　　　　　) (　　　　) some errors to me.
● 彼女は親切にも私にいくつか誤り<u>を指摘</u>してくれた。

☐ 1135 She couldn't (　　　　) (　　　) (　　　　　) as an actor.
● 彼女は俳優として<u>生計を立て</u>られなかった。

☐ 1145 What does DIY (　　　　　) (　　　　)?
● DIY は何<u>を表して</u>いますか。

☐ 1146 She always (　　　　　) (　　　　) as a key player.
● 彼女は中心的存在として常に<u>際立っている</u>。

☐ 1149 She (　　　) (　　　) boxing when she was 15.
● 彼女は 15 歳の時にボクシング<u>を始めた</u>。

☐ 1150 I'm (　　　　　) (　　　) my presentation for tomorrow.
● 私は明日のプレゼンの準備に<u>取り組ん</u>でいるところだ。

☐ 1134 He (　　　) (　　　) big (　　　　　) (　　　) my life.
● 彼は私の人生に大きな<u>影響を与えた</u>。

☐ 1147 I (　　　) him (　　　) your brother.
● 私は彼のこと<u>をあなたの弟さんだと思い込んで</u>いた。

☐ 1148 The fireworks display (　　　　) (　　　　) next Saturday evening.
● その花火大会は次の土曜の夜に<u>行われる</u>。

☐ 1142 I (　　　) (　　　　) the thief, but he disappeared.
● 私は泥棒<u>を追いかけた</u>が，彼は姿を消してしまった。

☐ 1137 His father (　　　　) (　　　　) last year.
● 彼の父は昨年<u>亡</u>くなった。

☐ 1132 Would you (　　　) (　　　　) my essay for me?
● 私のレポート<u>をざっと見て</u>いただけませんか。

☐ 1131 They're (　　　　　) (　　　) the problem.
● 彼らはその問題<u>を調査</u>しているところだ。

忘れていた熟語は，p.147 の My Idiom List へ **GO▶**

✓	ID	訳文に合う英文になるように空欄に熟語を書こう

☐ 1164 It may be the best method (　　) (　　) (　　) (　　).
● それは長い目で見れば最善の方法なのかもしれない。

☐ 1159 (　　) (　　) (　　), let me introduce myself.
● まず最初に, 自己紹介をさせてください。

☐ 1160 How many days (　　) (　　) can I book?
● 何日前に予約ができますか。

☐ 1158 I haven't talked to him (　　) (　　) (　　).
● 私は彼と差し向かいで話したことはない。

☐ 1166 The tickets go (　　) (　　) at 10 a.m. tomorrow.
● そのチケットは明日の午前10時に発売される。

☐ 1157 Since she's lived here (　　) (　　) (　　), she speaks Japanese well.
● 彼女はだいぶ長くここに住んでいるだけに, 日本語を話すのは上手だ。

☐ 1161 There were over 100 people (　　) (　　) at the test site.
● 試験会場には全部で100人以上はいた。

☐ 1167 The ceremony started right (　　) (　　).
● 式典はきっかり時間通りに始まった。

☐ 1162 She uses soy milk (　　) (　　) (　　) milk to make bread.
● 彼女はパンを作るのに牛乳の代わりに豆乳を使う。

☐ 1163 He asked nothing (　　) (　　) (　　) his help.
● 彼は手伝いの見返りを何も求めなかった。

☐ 1168 He gave useful advice to the players (　　) (　　) (　　).
● 彼は選手たちに1人ずつ有益な助言を与えた。

☐ 1169 Their proposal is completely (　　) (　　) (　　) (　　).
● 彼らの提案はまったく論外だ。

☐ 1165 We arrived just (　　) (　　) (　　) the concert.
● 私たちはコンサートにぎりぎり間に合って到着した。

☐ 1170 We walked along the beach (　　) (　　) (　　).
● 私たちはビーチを並んで歩いた。

☐ 1155 He'll be here in ten minutes (　　) (　　).
● 彼はせいぜい10分もすればここに来ますよ。

☐ 1152 Thank you for coming (　　) (　　) (　　).
● はるばるお越しくださりありがとうございます。

☐ 1156 They went to Peru (　　) (　　) (　　) Atlanta.
● 彼らはアトランタ経由でペルーに行った。

☐ 1154 She reads (　　) (　　) four books a month.
● 彼女は月に少なくとも本を4冊読んでいる。

☐ 1151 (　　) (　　) (　　) it began to rain heavily.
● 突然雨が激しく降り出した。

☐ 1153 I sent flowers (　　) (　　) a message card.
● 私はメッセージカードを添えて花を送った。

Drill**59** の復習テスト 解答　1164 in the long run　1159 First of all　1160 in advance　1158 face to face
1166 on sale　1157 for some time　1161 in all　1167 on time　1162 in place of　1163 in return for　1168 one by one
1169 out of the question　1165 in time for　1170 side by side　1155 at most　1152 all the way　1156 by way of
1154 at least　1151 All at once　1153 along with

忘れていた熟語は, p.147 の My Idiom List へ **GO**▶

My Idiom List　〜覚えていなかった熟語〜　Drill 57 〜 59

熟語	意味

最低「5回」は書いて絶対に覚えよう！

熟語	意味

最低「5回」は書いて絶対に覚えよう！

Section 4

単語	1回目 意味を確認して単語を書く	2回目 発音しながら単語を書く	3回目 意味に合う単語を書く	意味
1171 **become** [bɪkʌ́m] ビカム		⇒		動 になる
1172 **turn** [tə:rn] ターン		⇒	⬇	動 になる，変わる；回る，を回す；(を)曲がる；振り向く 名 方向転換；曲がり角
1173 **remain** [rɪméin] リメイン		⇒	⬇	動 のままである；にとどまる 名 {~s}残り(物)
1174 **smell** [smel] スメる		⇒	⬇	動 のにおいがする；のにおいに気づく；のにおいをかぐ 名 におい
1175 **taste** [teɪst] テイスト		⇒	⬇	動 の味がする；の味を見る 名 味，風味；好み
1176 **take** [teɪk] テイク		⇒	⬇	動 を連れて行く，持って行く；(交通機関)に乗って行く；(時間)がかかる
1177 **put** [pʊt] プット		⇒	⬇	動 を置く，入れる；の状態にする
1178 **set** [set] セット		⇒	⬇	動 (注意を払って)を置く，配置する 名 ひとそろい 形 規定の，セットの
1179 **spread** [spred] スプレッド		⇒	⬇	動 を広げる；を広める；広がる 名 増大，普及；範囲
1180 **fold** [fould] ふォウるド		⇒	⬇	動 を折る，折りたたむ；(腕など)を組む 名 折り目
1181 **show** [ʃou] ショウ		⇒	⬇	動 を見せる，示す；を明らかにする；を案内する 名 ショー；番組；展覧会
1182 **give** [gɪv] ギヴ		⇒	⬇	動 を与える，あげる
1183 **choose** [tʃu:z] チューズ		⇒	⬇	動 を選ぶ
1184 **pay** [peɪ] ペイ		⇒	⬇	動 (金)を支払う；代金を支払う；(注意など)を払う 名 給料
1185 **leave** [li:v] リーヴ		⇒	⬇	動 を残しておく；のままにしておく；出発する，を去る 名 休暇
1186 **offer** [ɔ́(:)fər] オ(ー)ふァ		⇒	⬇	動 を申し出る；(必要とされるもの)を提供する 名 申し出，提案
1187 **bring** [brɪŋ] ブリング		⇒	⬇	動 を持ってくる，連れてくる；をもたらす
1188 **send** [send] センド		⇒	⬇	動 を送る
1189 **pass** [pæs] パス		⇒	⬇	動 を手渡す；(を)通り過ぎる；(に)合格する 名 通行[入場]許可証，パス
1190 **sell** [sel] セる		⇒	⬇	動 を売る；売れ行きが〜だ

❷ 記憶から引き出す

意味	ID	単語を書こう	意味	ID	単語を書こう
動 を広げる	1179		動 を選ぶ	1183	
動 （注意を払って）を置く，配置する	1178		動 （金）を支払う	1184	
動 を申し出る	1186		動 になる，変わる	1172	
動 を折る，折りたたむ	1180		動 のままである	1173	
動 を置く，入れる	1177		動 を持ってくる，連れてくる	1187	
動 を与える，あげる	1182		動 のにおいがする	1174	
動 を送る	1188		動 を連れて行く，持って行く	1176	
動 を手渡す	1189		動 を見せる，示す	1181	
動 を残しておく	1185		動 になる	1171	
動 の味がする	1175		動 を売る	1190	

単語	1回目 意味を確認して単語を書く	2回目 発音しながら単語を書く	3回目 意味に合う単語を書く	意味
1191 **draw** [drɔː] ドゥロー				動 を描く，(線など)を引く； を引きつける 名 引き分け
1192 **owe** [ou] オウ				動 にお金を借りている； に恩義がある
1193 **lend** [lend] レンド				動 を貸す
1194 **envy** [énvi] エンヴィ				動 をうらやむ 名 ねたみ，うらやましさ
1195 **make** [meɪk] メイク				動 を(ある状態)にする；をす る；を作る；に…させる
1196 **find** [faɪnd] ふァインド				動 を見つける，に気づく； だとわかる
1197 **keep** [kiːp] キープ				動 を保つ；のままである；を とっておく；を飼う
1198 **call** [kɔːl] コール				動 と呼ぶ；(大きな声で)(を) 呼ぶ；(に)電話する　名 電話 をかけること；叫び声
1199 **know** 発 [nou] ノウ				動 (を)知っている；(を)わか っている
1200 **understand** ア [ʌ̀ndərstǽnd] アンダス**タ**ンド				動 (を)理解する，(が)わかる
1201 **believe** [bɪlíːv] ビリーヴ				動 (を)信じる，信用する； だと思う
1202 **notice** [nóutəs] ノウティス				動 (に)気づく 名 通知；注目
1203 **exist** 発 [ɪgzíst] イグ**ズ**ィスト				動 存在する
1204 **discuss** [dɪskʌ́s] ディス**カ**ス				動 について議論する；(記事・ 論文・本などが)について論 じている
1205 **agree** ア [əgríː] アグリー				動 意見が一致する；(に)同 意する
1206 **disagree** ア [dìsəgríː] ディサグリー				動 意見が異なる，異議を 唱える
1207 **raise** 発 [reɪz] レイズ				動 を上げる；を育てる，養 う；(お金)を集める
1208 **rise** [raɪz] ライズ				動 上がる；増加する；(太 陽などが)昇る 名 増加；上昇
1209 **approach** 発 [əpróutʃ] アプロウチ				動 (に)近づく，接近する 名 近づくこと；取り組み，ア プローチ
1210 **complain** ア [kəmpléɪn] コンプれイン				動 (だと) 不平 [苦情] を言 う

2 記憶から引き出す

意味	ID	単語を書こう
動 (を)信じる，信用する	1201	
動 を貸す	1193	
動 (に)近づく，接近する	1209	
動 存在する	1203	
動 意見が一致する	1205	
動 (を)理解する，(が)わかる	1200	
動 を描く，(線など)を引く	1191	
動 を保つ	1197	
動 を上げる	1207	
動 (を)知っている	1199	

意味	ID	単語を書こう
動 を見つける，に気づく	1196	
動 (に)気づく	1202	
動 と呼ぶ	1198	
動 上がる	1208	
動 (だと)不平[苦情]を言う	1210	
動 について議論する	1204	
動 意見が異なる，異議を唱える	1206	
動 にお金を借りている	1192	
動 をうらやむ	1194	
動 を(ある状態)にする	1195	

3 Drill 60 の復習テスト

✔	単語 なぞって書く	ID	意味を書こう
	fold	1180	
	turn	1172	
	smell	1174	
	offer	1186	
	take	1176	
	send	1188	
	remain	1173	
	sell	1190	
	show	1181	
	leave	1185	

✔	単語 なぞって書く	ID	意味を書こう
	set	1178	
	choose	1183	
	bring	1187	
	pass	1189	
	give	1182	
	taste	1175	
	spread	1179	
	put	1177	
	become	1171	
	pay	1184	

忘れていた単語は，p.170 の My Word List へ GO→

単語	1回目 意味を確認して単語を書く	2回目 発音しながら単語を書く	3回目 意味に合う単語を書く	意味
1211 **lie** [laɪ] ラィ		➡	⬇	動 横たわる；(場所に)ある，位置する 名 うそ 動 うそをつく
1212 **lay** [leɪ] れィ		➡	⬇	動 を横たえる，置く；(鳥・昆虫などが)(卵)を産む
1213 **marry** [mǽri] マリィ		➡	⬇	動 と結婚する
1214 **order** [ɔ́:rdər] オーダァ		➡	⬇	動 を命じる；(を)注文する 名 命令；注文(品)；順序；秩序
1215 **demand** [dɪmǽnd] ディマンド		➡	⬇	動 (強く)を要求する 名 要求；需要
1216 **request** [rɪkwést] リクウェスト		➡	⬇	動 を頼む，要請する 名 依頼，要請；頼み事
1217 **seem** [si:m] スィーム		➡	⬇	動 のように思える
1218 **appear** [əpíər] アピア		➡	⬇	動 のように見える[思える]；現れる
1219 **prove** 発 [pru:v] プルーヴ		➡	⬇	動 と判明する；を証明する
1220 **tell** [tel] テる		➡	⬇	動 (人に)を伝える，言う；を見分ける，見分けがつく
1221 **expect** [ɪkspékt] イクスペクト		➡	⬇	動 を予期[予想]する；を期待する
1222 **warn** 発 [wɔ:rn] ウォーン		➡	⬇	動 に警告[注意]する
1223 **forbid** [fərbíd] ふォビッド		➡	⬇	動 を禁ずる
1224 **feel** [fi:l] ふィーる		➡	⬇	動 を感じる；(の)感じがする；だと思う
1225 **hear** 発 [hɪər] ヒア		➡	⬇	動 が聞こえる
1226 **watch** [wɑ(:)tʃ] ワ(ー)ッチ		➡	⬇	動 (を)(じっと)見る，見守る；(に)注意する 名 腕時計；見張り
1227 **decide** [dɪsáɪd] ディサイド		➡	⬇	動 (を)決める
1228 **manage** 発 アク [mǽnɪdʒ] マネヂ		➡	⬇	動 (を)何とかやり遂げる；を管理[運営]する
1229 **promise** [prá(:)məs] プラ(ー)ミス		➡	⬇	動 (を)約束する 名 約束
1230 **afford** [əfɔ́:rd] アふォード		➡	⬇	動 (時間的・金銭的)の余裕がある

② 記憶から引き出す

意味	ID	単語を書こう
動 (を)(じっと)見る, 見守る	1226	
動 のように思える	1217	
動 が聞こえる	1225	
動 (強く)を要求する	1215	
動 を命じる	1214	
動 を予期[予想]する	1221	
動 を頼む, 要請する	1216	
動 と判明する	1219	
動 を横たえる, 置く	1212	
動 と結婚する	1213	

意味	ID	単語を書こう
動 のように見える[思える];現れる	1218	
動 を感じる	1224	
動 (を)決める	1227	
動 (人に)を伝える, 言う	1220	
動 に警告[注意]する	1222	
動 を禁ずる	1223	
動 (を)何とかやり遂げる	1228	
動 (時間的・金銭的に)の余裕がある	1230	
動 横たわる	1211	
動 (を)約束する	1229	

③ Drill61の復習テスト

✔	単語 なぞって書く	ID	意味を書こう
	owe	1192	
	believe	1201	
	call	1198	
	approach	1209	
	discuss	1204	
	understand	1200	
	raise	1207	
	complain	1210	
	keep	1197	
	make	1195	

✔	単語 なぞって書く	ID	意味を書こう
	know	1199	
	lend	1193	
	notice	1202	
	envy	1194	
	agree	1205	
	exist	1203	
	find	1196	
	rise	1208	
	disagree	1206	
	draw	1191	

忘れていた単語は, p.170 の My Word List へ **Go**

単語	1回目 意味を確認して単語を書く	2回目 発音しながら単語を書く	3回目 意味に合う単語を書く	意味
1231 **pretend** [prɪténd] プリテンド				動 (の)ふりをする
1232 **refuse** [rɪfjúːz] リふューズ				動 を断る，拒否する
1233 **consider** [kənsídər] コンスィダァ				動 (を)よく考える
1234 **stop** [stɑ(ː)p] スタ(ー)ップ				動 をやめる；を止める，止まる；を妨げる；立ち止まる 名 停止，中止；停留所，停車駅
1235 **finish** [fíniʃ] ふィニッシ				動 (を)終える；終わる 名 終わり；ゴール
1236 **avoid** [əvɔ́id] アヴォイド				動 を避ける
1237 **imagine** [ɪmǽdʒɪn] イマヂン				動 (を)想像する
1238 **escape** [ɪskéɪp] イスケイプ				動 (を)逃れる，免れる；逃げる 名 逃亡，脱出
1239 **quit** [kwɪt] クウィット				動 (仕事・学校・行為など)(を)やめる
1240 **dislike** [dɪsláɪk] ディスライク				動 を嫌う 名 嫌悪(感)
1241 **start** [stɑːrt] スタート				動 を始める；始まる；出発する 名 開始；出発
1242 **begin** [bɪɡín] ビギン				動 を始める；始まる
1243 **continue** [kəntínju(ː)] コンティニュ(ー)				動 (を)続ける；続く
1244 **prefer** [prɪfə́ːr] プリふァ～				動 の方を好む
1245 **hate** [heɪt] ヘイト				動 をひどく嫌う，憎む 名 憎しみ，憎悪
1246 **try** [traɪ] トゥライ				動 (を)試みる；(を)試す 名 試し；トライ
1247 **remember** [rɪmémbər] リメンバァ				動 (を)覚えている；(を)思い出す
1248 **forget** [fərɡét] ふォゲット				動 (を)忘れる
1249 **regret** [rɪɡrét] リグレット				動 (を)後悔する；を残念に思う 名 後悔；残念
1250 **air** [eər] エア				名 空気，大気；{the ～}空中

2 記憶から引き出す

意味	ID	単語を書こう
名 空気, 大気	1250	
動 を始める	1242	
動 (を)忘れる	1248	
動 (を)よく考える	1233	
動 (を)逃れる, 免れる	1238	
動 を嫌う	1240	
動 (を)想像する	1237	
動 (の)ふりをする	1231	
動 をひどく嫌う, 憎む	1245	
動 (を)覚えている	1247	

意味	ID	単語を書こう
動 を始める	1241	
動 を避ける	1236	
動 を断る, 拒否する	1232	
動 (仕事・学校・行為など) (を)やめる	1239	
動 (を)終える	1235	
動 (を)続ける	1243	
動 (を)後悔する	1249	
動 (を)試みる	1246	
動 をやめる	1234	
動 の方を好む	1244	

3 Drill 62 の復習テスト

✔	単語 なぞって書く	ID	意味を書こう
	tell	1220	
	demand	1215	
	feel	1224	
	watch	1226	
	request	1216	
	decide	1227	
	afford	1230	
	appear	1218	
	prove	1219	
	hear	1225	

✔	単語 なぞって書く	ID	意味を書こう
	seem	1217	
	expect	1221	
	lie	1211	
	order	1214	
	marry	1213	
	promise	1229	
	lay	1212	
	forbid	1223	
	warn	1222	
	manage	1228	

忘れていた単語は, p.170 の My Word List へ **Go**

単語	1回目 意味を確認して単語を書く	2回目 発音しながら単語を書く	3回目 意味に合う単語を書く	意味
1251 **cloth** 発 [klɔ(:)θ] ク**ろ**(ー)す		➡		名 布(地)；〔可算名詞〕(ある用途の)布切れ
1252 **paper** [péɪpər] **ペ**イパァ		➡	⬇	名 紙；〔可算名詞〕新聞；(~s)書類；(学生の)レポート
1253 **iron** 発 [áɪərn] **ア**イアン		➡	⬇	名 鉄，鉄分；アイロン 動 (に)アイロンをかける 形 (鉄のように)堅い；厳しい
1254 **audience** [ɔ́:diəns] **オ**ーディエンス		➡	⬇	名 聴衆，観客
1255 **police** 発 ア [pəlí:s] ポ**リ**ース		➡	⬇	名 〔集合的に〕警察官；(the ~)警察
1256 **staff** [stæf] ス**タ**っふ		➡	⬇	名 スタッフ，職員
1257 **furniture** 発 [fə́:rnɪtʃər] **ふァ**〜ニチャ		➡	⬇	名 家具
1258 **stuff** [stʌf] ス**タ**ふ		➡	⬇	名 (漠然と)物，こと；(one's ~)持ち物 動 を詰め込む
1259 **baggage** 発 [bǽgɪdʒ] **バ**ゲッヂ		➡	⬇	名 手荷物
1260 **information** [ìnfərméɪʃən] インふォ**メ**イション		➡	⬇	名 情報；案内
1261 **ability** [əbíləti] ア**ビ**リティ		➡	⬇	名 能力；才能，力量
1262 **advice** ア [ədváɪs] アド**ヴァ**イス		➡	⬇	名 助言，忠告
1263 **beauty** [bjú:ti] **ビュ**ーティ		➡	⬇	名 美，美しさ；〔可算名詞〕美女
1264 **death** [deθ] **デ**す		➡	⬇	名 死；〔可算名詞〕死亡
1265 **freedom** [frí:dəm] **ふリ**ーダム		➡	⬇	名 自由
1266 **peace** [pi:s] **ピ**ース		➡	⬇	名 平和；静けさ
1267 **customer** [kʌ́stəmər] **カ**スタマァ		➡	⬇	名 (店の)客，顧客
1268 **guest** [gest] **ゲ**スト		➡	⬇	名 (招待)客，ゲスト，来客；宿泊客
1269 **habit** [hǽbɪt] **ハ**ビット		➡	⬇	名 (個人の)習慣，癖
1270 **custom** [kʌ́stəm] **カ**スタム		➡	⬇	名 (社会的)慣習，風習；(one's ~)(個人の)習慣；(~s)税関，関税

2 記憶から引き出す

意味	ID	単語を書こう
名 能力	1261	
名 (漠然と)物, こと	1258	
名 紙	1252	
名 死	1264	
名 (招待)客, ゲスト, 来客	1268	
名 平和	1266	
名 スタッフ, 職員	1256	
名 自由	1265	
名 助言, 忠告	1262	
名 情報	1260	

意味	ID	単語を書こう
名 布(地)	1251	
名 美, 美しさ	1263	
名 (個人の)習慣, 癖	1269	
名 聴衆, 観客	1254	
名 家具	1257	
名 (社会的)慣習, 風習	1270	
名 [集合的に]警察官	1255	
名 (店の)客, 顧客	1267	
名 手荷物	1259	
名 鉄, 鉄分	1253	

3 Drill63の復習テスト

✔	単語 なぞって書く	ID	意味を書こう
	stop	1234	
	escape	1238	
	consider	1233	
	pretend	1231	
	begin	1242	
	refuse	1232	
	quit	1239	
	dislike	1240	
	remember	1247	
	forget	1248	

✔	単語 なぞって書く	ID	意味を書こう
	air	1250	
	imagine	1237	
	regret	1249	
	avoid	1236	
	hate	1245	
	start	1241	
	try	1246	
	finish	1235	
	prefer	1244	
	continue	1243	

忘れていた単語は, p.170 の My Word List へ **Go**

単語	1回目 意味を確認して単語を書く	2回目 発音しながら単語を書く	3回目 意味に合う単語を書く	意味
1271 **fee** [fiː] ふィー				名 (入場・加入などの)料金, 会費；(弁護士など専門職 への)謝礼
1272 **fare** [feər] ふェア				名 (交通機関の)運賃, 料金
1273 **appointment** [əpɔ́ɪntmənt] アポイントメント				名 (面会の)約束, (医者な どの)予約
1274 **idea** 発 ⑦ [aɪdíːə] アイディーア				名 考え, アイデア；理解
1275 **fact** [fækt] ふァクト				名 事実, 現実
1276 **feeling** [fíːlɪŋ] ふィーリング				名 気持ち, 感情；感覚
1277 **evidence** [évɪdəns] エヴィデンス				名 証拠
1278 **other** [ʌ́ðər] アざァ				代 (二者のうち)もう一方, (三者以上のうち)その他全部 形 もう一方の, その他の
1279 **another** [ənʌ́ðər] アナざァ				代 (同じ種類のうちの不特 定な)別の物[人] 形 別の；もう1つ[1人]の
1280 **each** [iːtʃ] イーチ				代 それぞれ 形 それぞれの 副 それぞれに
1281 **both** 発 [bouθ] ボウす				代 両方 形 両方の
1282 **either** [íːðər] イーざァ				代 どちらか, どちらでも 形 どちらかの, どちらでも 副 ～もまた…ない
1283 **neither** [níːðər] ニーざァ				代 どちらも…ない 形 どちらの～も…ない 副 ～もまた…ない
1284 **none** 発 [nʌn] ナン				代 どれ[誰]も…ない
1285 **something** [sʌ́mθɪŋ] サムすィング				代 何か
1286 **anything** [éniθɪŋ] エニすィング				代 〔否定文で〕何も(～ない)； 〔疑問文・if節で〕何か；〔肯定文 で〕何でも
1287 **nothing** 発 [nʌ́θɪŋ] ナッすィング				代 何も～ない 名 重要ではない[取るに足 りない]こと[人]
1288 **everything** [évriθɪŋ] エヴリすィング				代 すべての物[こと]
1289 **everyone** [évriwʌ̀n] エヴリワン				代 みんな, 誰でも
1290 **someone** [sʌ́mwʌ̀n] サムワン				代 誰か, ある人

❷ 記憶から引き出す

意味	ID	単語を書こう
名 気持ち，感情	1276	
名 (面会の) 約束，(医者などの) 予約	1273	
名 (交通機関の) 運賃，料金	1272	
代 それぞれ	1280	
名 (入場・加入などの) 料金，会費	1271	
代 (同じ種類のうちの不特定な) 別の物[人]	1279	
名 証拠	1277	
名 事実，現実	1275	
代 両方	1281	
代 (否定文で) 何も (～ない)	1286	

意味	ID	単語を書こう
代 みんな，誰でも	1289	
名 考え，アイデア	1274	
代 どれ [誰] も…ない	1284	
代 誰か，ある人	1290	
代 すべての物[こと]	1288	
代 (二者のうち) もう一方，(三者以上のうち) その他全部	1278	
代 (二者のうち) どちらも…ない	1283	
代 何も～ない	1287	
代 何か	1285	
代 (二者のうち) どちらか，どちらでも	1282	

❸ Drill 64 の復習テスト

✔	単語 なぞって書く	ID	意味を書こう
	peace	1266	
	iron	1253	
	customer	1267	
	custom	1270	
	habit	1269	
	baggage	1259	
	stuff	1258	
	freedom	1265	
	paper	1252	
	staff	1256	

✔	単語 なぞって書く	ID	意味を書こう
	advice	1262	
	guest	1268	
	furniture	1257	
	police	1255	
	beauty	1263	
	information	1260	
	ability	1261	
	cloth	1251	
	death	1264	
	audience	1254	

忘れていた単語は，p.170 の My Word List へ **Go**

161

単語	1回目 意味を確認して単語を書く	2回目 発音しながら単語を書く	3回目 意味に合う単語を書く	意味
1291 **anyone** [éniwÀn] エニワン		➡		代 〔疑問文で〕誰か；〔否定文で〕誰も（〜ない）；〔肯定文で〕誰でも
1292 **nobody** ⑦[nóubədi] ノウバディ		➡	⬇	代 誰も〜ない 名 取るに足りない人
1293 **main** [mein] メイン		➡	⬇	形 主な，主要な
1294 **daily** [déili] デイリィ		➡	⬇	形 毎日の，日々の 副 毎日，日ごとに 名 日刊新聞
1295 **alone** [əlóun] アろウン		➡	⬇	形 ただ1人で，自分（たち）だけで；〜だけで；孤独で 副 1人で
1296 **aware** [əwéər] アウェア		➡	⬇	形 気づいて
1297 **awake** [əwéik] アウェイク		➡	⬇	形 目が覚めて
1298 **asleep** [əslí:p] アスリープ		➡	⬇	形 眠って
1299 **alive** 発[əláiv] アらイヴ		➡	⬇	形 生きて（いる）；生き生きして
1300 **alike** [əláik] アらイク		➡	⬇	形 似ている，同様な 副 同じように
1301 **right** [rait] ライト		➡	⬇	形 ①右の　②（判断・行動などについて）正しい 副 すぐに　名 正しいこと
1302 **present** ⑦[prézənt] プレズント		➡	⬇	形 ①現在の　②出席して 名 現在；贈り物　動 〔発別〕を贈呈する；を提示する
1303 **certain** [sə́:rtən] サ〜トゥン		➡	⬇	形 ①ある，例の；いくぶん　②（人が）確信して，確かで
1304 **interested** [íntərəstid] インタレスティッド		➡	⬇	形 興味を持って
1305 **surprised** [sərpráizd] サプライズド		➡	⬇	形 驚いて
1306 **tired** [táiərd] タイアド		➡	⬇	形 飽きて，うんざりして；疲れて
1307 **pleased** [pli:zd] プリーズド		➡	⬇	形 喜んで
1308 **satisfied** [sǽtisfàid] サティスふァイド		➡	⬇	形 満足して
1309 **bored** [bɔːrd] ボード		➡	⬇	形 退屈して，うんざりして
1310 **excited** [iksáitid] イクサイティッド		➡	⬇	形 興奮して，わくわくして

2 記憶から引き出す

意味	ID	単語を書こう	意味	ID	単語を書こう
形 目が覚めて	1297		形 喜んで	1307	
形 生きて(いる)	1299		形 興味を持って	1304	
形 ①ある, 例の ②(人が)確信して, 確かで	1303		形 ①現在の ②出席して	1302	
形 退屈して, うんざりして	1309		形 興奮して, わくわくして	1310	
形 眠って	1298		形 毎日の, 日々の	1294	
形 似ている, 同様な	1300		代 誰も～ない	1292	
形 驚いて	1305		形 気づいて	1296	
形 満足して	1308		形 ただ1人で, 自分(たち)だけで	1295	
形 主な, 主要な	1293		代 (疑問文で)誰か	1291	
形 飽きて, うんざりして	1306		形 ①右の ②(判断・行動などについて)正しい	1301	

3 Drill 65 の復習テスト

✓	単語 なぞって書く	ID	意味を書こう	✓	単語 なぞって書く	ID	意味を書こう
	everyone	1289			feeling	1276	
	other	1278			idea	1274	
	none	1284			someone	1290	
	nothing	1287			neither	1283	
	both	1281			another	1279	
	fee	1271			fact	1275	
	everything	1288			fare	1272	
	evidence	1277			something	1285	
	each	1280			anything	1286	
	appointment	1273			either	1282	

忘れていた単語は, p.170 の My Word List へ **Go**

単語	1回目 意味を確認して単語を書く	2回目 発音しながら単語を書く	3回目 意味に合う単語を書く	意味
1311 **confused** [kənfjúːzd] コンフューズド		➡		形 困惑[混乱]して
1312 **scared** [skeərd] スケアド		➡	⬇	形 怖がって
1313 **able** [éɪbl] エイブる		➡	⬇	形 できる
1314 **likely** [láɪkli] らイクリィ		➡	⬇	形 ありそうな
1315 **sure** [ʃʊər] シュア		➡	⬇	形 確信して 副 (返答で)もちろん, いいですよ；確かに
1316 **ready** ㋐ [rédi] レディ		➡	⬇	形 準備[用意]のできた
1317 **eager** [íːgər] イーガァ		➡	⬇	形 熱望して；熱心な
1318 **polite** ㋐ [pəláɪt] ポらイト		➡	⬇	形 礼儀正しい, 丁寧な
1319 **clever** [klévər] クれヴァ		➡	⬇	形 利口な；巧妙な；抜け目のない
1320 **brave** [breɪv] ブレイヴ		➡	⬇	形 勇敢な
1321 **wise** [waɪz] ワイズ		➡	⬇	形 賢明な, 賢い
1322 **rude** [ruːd] ルード		➡	⬇	形 失礼な
1323 **silly** [síli] スィりィ		➡	⬇	形 愚かな, ばかげた
1324 **foolish** [fúːlɪʃ] ふーリッシ		➡	⬇	形 愚かな, ばかげた
1325 **stupid** [stjúːpəd] ステューピッド		➡	⬇	形 愚かな, ばかげた
1326 **careless** [kéərləs] ケアれス		➡	⬇	形 不注意な；無頓着な
1327 **important** [ɪmpɔ́ːrtənt] インポータント		➡	⬇	形 重要な
1328 **necessary** ㋐ [nésəsèri] ネセセリィ		➡	⬇	形 必要な, 必然の
1329 **proper** [prɑ́(ː)pər] プラ(ー)パァ		➡	⬇	形 (社会的・法的に) 正当な, 当然な；(名詞の前で用いて)適切な
1330 **strange** ㋐ [streɪndʒ] ストゥレインヂ		➡	⬇	形 奇妙な, 不思議な

② 記憶から引き出す

意味	ID	単語を書こう	意味	ID	単語を書こう
形 準備[用意]のできた	1316		形 熱望して	1317	
形 賢明な，賢い	1321		形 愚かな，ばかげた	1325	
形 不注意な	1326		形 (社会的・法的に)正当な，当然な	1329	
形 勇敢な	1320		形 奇妙な，不思議な	1330	
形 重要な	1327		形 愚かな，ばかげた	1324	
形 困惑[混乱]して	1311		形 確信して	1315	
形 愚かな，ばかげた	1323		形 利口な	1319	
形 失礼な	1322		形 できる	1313	
形 礼儀正しい，丁寧な	1318		形 怖がって	1312	
形 必要な，必然の	1328		形 ありそうな	1314	

③ Drill 66 の復習テスト

✔	単語 なぞって書く	ID	意味を書こう	✔	単語 なぞって書く	ID	意味を書こう
	alive	1299			bored	1309	
	awake	1297			excited	1310	
	alike	1300			surprised	1305	
	anyone	1291			tired	1306	
	aware	1296			interested	1304	
	alone	1295			present	1302	
	pleased	1307			right	1301	
	asleep	1298			satisfied	1308	
	certain	1303			nobody	1292	
	main	1293			daily	1294	

忘れていた単語は，p.170 の My Word List へ Go

単語	1回目 意味を確認して単語を書く	2回目 発音しながら単語を書く	3回目 意味に合う単語を書く	意味
1331 **wrong** [rɔ(ː)ŋ] ロ（ー）ング		➡	⬇	形 間違った；悪い；具合が悪い 名 悪，悪いこと
1332 **few** [fjuː] ふュー		➡	⬇	形〔無冠詞で〕ほとんどない；〔a ~〕少数の 代 ほとんどない物［人］；〔a ~〕少数
1333 **little** [lítl] リトゥる		➡	⬇	形〔無冠詞で〕ほとんどない；〔a ~〕少量の 副 ほとんど～ない 代 ほとんどない物［人］
1334 **late** [leɪt] れイト		➡	⬇	形 遅れた；遅い 副 遅く，遅れて；終わり近くに
1335 **far** [fɑːr] ふァー		➡	⬇	形 遠い方の 副 遠くに［へ］；はるかに
1336 **hard** 発 [hɑːrd] ハード		➡	⬇	形 難しい，困難な；熱心な；硬い 副 懸命に，熱心に；力を込めて；激しく
1337 **fast** [fæst] ふァスト		➡	⬇	形 速い，素早い 副 速く；すぐに
1338 **deep** [diːp] ディープ		➡	⬇	形 深い；(深さが)～の 副 深く(に)
1339 **direct** [dərékt] ディレクト		➡	⬇	形 直接の；まっすぐな 副 直接に，まっすぐに 動 を向ける；を指揮する
1340 **well** [wel] ウェる		➡	⬇	形 健康で 副 十分に，よく；上手に 間 えーと；では，さて 名 井戸
1341 **wide** [waɪd] ワイド		➡	⬇	形 (幅・範囲が)広い；(幅が)～の 副 大きく(開いて)，すっかり
1342 **pretty** 発 [príti] プリティ		➡	⬇	形 かわいい；すてきな 副 かなり
1343 **sharp** [ʃɑːrp] シャープ		➡	⬇	形 鋭い，とがった；急な 副 ちょうど，きっかり
1344 **just** [dʒʌst] ヂャスト		➡	⬇	副 たった今，ちょうど(～したばかり)；ちょうど；単に
1345 **already** [ɔːlrédi] オーるレディ		➡	⬇	副 もう，すでに
1346 **recently** [ríːsəntli] リースントりィ		➡	⬇	副 (ここ)最近
1347 **lately** [léɪtli] れイトりィ		➡	⬇	副 (ここ)最近
1348 **yet** [jet] イェット		➡	⬇	副〔否定文で〕まだ(～ない)；〔疑問文で〕もう 接 けれども
1349 **ever** [évər] エヴァ		➡	⬇	副 これまでに，かつて；ずっと
1350 **twice** [twaɪs] トゥワイス		➡	⬇	副 2度[回]；2倍

2 記憶から引き出す

意味	ID	単語を書こう		意味	ID	単語を書こう
形 直接の 副 直接に, まっすぐに	1339			副 これまでに, かつて	1349	
形 間違った	1331			副 もう, すでに	1345	
副 たった今, ちょうど(〜したばかり)	1344			形 遠い方の 副 遠くに[へ]	1335	
形 〔無冠詞で〕ほとんどない；少量の	1333			副 (ここ)最近	1346	
形 遅れた 副 遅く, 遅れて	1334			形 健康で 副 十分に, よく	1340	
形 鋭い, とがった 副 ちょうど, きっかり	1343			形 (幅・範囲が)広い 副 大きく(開いて), すっかり	1341	
副 2度[回]	1350			形 〔無冠詞で〕ほとんどない；少数の	1332	
形 かわいい 副 かなり	1342			副 (ここ)最近	1347	
副 〔否定文で〕まだ (〜ない)	1348			形 速い, 素早い 副 速く	1337	
形 深い 副 深く(に)	1338			形 難しい, 困難な 副 懸命に, 熱心に	1336	

3 Drill 67 の復習テスト

✔	単語 なぞって書く	ID	意味を書こう		✔	単語 なぞって書く	ID	意味を書こう
	likely	1314				silly	1323	
	foolish	1324				important	1327	
	confused	1311				eager	1317	
	polite	1318				strange	1330	
	sure	1315				able	1313	
	necessary	1328				rude	1322	
	brave	1320				proper	1329	
	wise	1321				careless	1326	
	clever	1319				ready	1316	
	stupid	1325				scared	1312	

忘れていた単語は, p.170 の My Word List へ **Go**

単語	1回目 意味を確認して単語を書く	2回目 発音しながら単語を書く	3回目 意味に合う単語を書く	意味
1351 **only** 発 [óunli] オウンリィ				副 だけ，しか（〜ない）；たった，ほんの（〜にすぎない）形 [the [one's] 〜]唯一の
1352 **always** [ɔ́:lweɪz] オーるウェイズ				副 いつも，必ず；(進行形で)〜ばかりしている
1353 **sometimes** [sʌ́mtàɪmz] サムタイムズ				副 時々
1354 **usually** [júːʒuəli] ユージュ(ア)リィ				副 たいてい，ふつうは
1355 **nearly** [níərli] ニアリィ				副 ほとんど，ほぼ；もう少しで
1356 **hardly** [háːrdli] ハードリィ				副 (程度が)ほとんど〜ない
1357 **while** [hwaɪl] (フ)ワイる				接 …している間；…である一方 名 しばらくの間
1358 **unless** ⑦[ənlés] アンれス				接 …でない限り，もし…でなければ
1359 **nor** [nɔːr] ノー				接 〔否定文で〕もまた（…ない）
1360 **whatever** ⑦[hwʌtévər] (フ)ワッテヴァ				代 何が [を] …しようとも；…するものは何でも
1361 **whichever** ⑦[hwɪtʃévər] (フ)ウィッチエヴァ				代 どちらが [を] …しようとも；…するものはどちら[どれ]でも
1362 **whenever** ⑦[hwenévər] (フ)ウェネヴァ				接 …するときはいつでも，…するたびに；いつ…しようとも
1363 **wherever** ⑦[hweərévər] (フ)ウェ(ア)レヴァ				接 …する所ならどこでも；どこで [へ] …しようとも
1364 **cause** 発 [kɔːz] コーズ				動 を引き起こす 名 原因；理由
1365 **allow** 発 [əláu] アらウ				動 を可能にする；を許す
1366 **enable** 発 ⑦[inéibl] イネイブる				動 (人)に(…すること)を可能にする
1367 **prevent** ⑦[privént] プリヴェント				動 を妨げる，中止させる
1368 **force** [fɔːrs] ふォース				動 を強いる 名 力；軍隊
1369 **cost** 発 [kɔːst] コースト				動 (金額・費用)がかかる 名 費用；犠牲
1370 **remind** [rimáind] リマインド				動 (人)に思い出させる

❷ 記憶から引き出す

意味	ID	単語を書こう
動 を引き起こす	1364	
動 を妨げる，中止させる	1367	
接 (否定文で) もまた (…ない)	1359	
接 …するときはいつでも，…するたびに	1362	
副 いつも，必ず	1352	
動 を可能にする	1365	
接 …している間	1357	
代 何が [を] …しようとも	1360	
接 …でない限り，もし…でなければ	1358	
動 (金額・費用) がかかる	1369	

意味	ID	単語を書こう
動 (人) に思い出させる	1370	
副 時々	1353	
接 …する所ならどこでも	1363	
副 だけ，しか (〜ない)	1351	
動 を強いる	1368	
副 (程度が) ほとんど〜ない	1356	
代 どちらが [を] …しようとも	1361	
副 ほとんど，ほぼ	1355	
副 たいてい，ふつうは	1354	
動 (人) に (…すること) を可能にする	1366	

❸ Drill 68 の復習テスト

✓	単語 なぞって書く	ID	意味を書こう
	yet	1348	
	deep	1338	
	lately	1347	
	late	1334	
	few	1332	
	sharp	1343	
	little	1333	
	fast	1337	
	direct	1339	
	far	1335	

✓	単語 なぞって書く	ID	意味を書こう
	wide	1341	
	wrong	1331	
	already	1345	
	hard	1336	
	well	1340	
	twice	1350	
	just	1344	
	pretty	1342	
	recently	1346	
	ever	1349	

忘れていた単語は，p.170 の My Word List へ **GO▶**

✓	単語 なぞって書く	ID	意味を書こう
	nearly	1355	
	wherever	1363	
	only	1351	
	unless	1358	
	usually	1354	
	allow	1365	
	while	1357	
	cost	1369	
	prevent	1367	
	whenever	1362	

✓	単語 なぞって書く	ID	意味を書こう
	nor	1359	
	whichever	1361	
	cause	1364	
	always	1352	
	remind	1370	
	hardly	1356	
	force	1368	
	whatever	1360	
	sometimes	1353	
	enable	1366	

My Word List   Drill 60 ～ 69
～覚えていなかった単語～

単語	意味

単語	意味

単語	意味		単語	意味

最低「5回」は書いて絶対に覚えよう！

単語	意味	単語	意味

最低「5回」は書いて絶対に覚えよう！

単語	意味

単語	意味

最低「5回」は書いて絶対に覚えよう！

単語	意味	単語	意味

最低「5回」は書いて絶対に覚えよう！

熟語	1回目 意味を見て発音しながら熟語を書く	2回目 意味に合う熟語を書く	意味
1371 **believe in ～**			～の存在を信じる；～（の能力など）を信じる
1372 **bring out ～ / bring ～ out**			～（の特徴・個性など）を引き出す
1373 **bring up ～ / bring ～ up**			～（子供）を育てる
1374 **call for ～**			～を必要とする；～（人）を迎えに行く
1375 **call off ～ / call ～ off**			～を中止する，取り消す
1376 **decide on [upon] ～**			（選んで）～に決める
1377 **feel like** *doing*			…したい気がする
1378 **give up** *doing*			（習慣など）…することをやめる，諦める
1379 **go on** *doing*			（やめずに）…し続ける
1380 **have [be] nothing to do with ～**			～と何も関係がない
1381 **lie in [with] ～**			（責任・問題などが）～にある，見いだされる
1382 **make it**			うまくいく，成功する；間に合う；出席する
1383 **make** *oneself* **understood**			自分の意志[考え]が（相手に）通じる
1384 **pass** *A* **on (to** *B***) / pass on** *A* **(to** *B***)**			A を（B に）伝える[渡す]
1385 **put away ～ / put ～ away**			～を片付ける；～（お金）を蓄える
1386 **put on ～ / put ～ on**			～（衣服など）を身につける，着る；～（電灯・テレビなど）をつける
1387 **show up**			（人が）現れる，やって来る
1388 **take [have] a walk**			散歩する
1389 **take time (to** *do***)**			（物・事が）（…するのに）時間がかかる，（人が）時間をかける
1390 **tell** *A* **from** *B*			A を B と区別する[見分ける]

熟語	1回目 意味を見て発音しながら熟語を書く	2回目 意味に合う熟語を書く	意味
1391 **throw away ～ / throw ～ away**			～(不要なもの)を捨てる
1392 **try on ～ / try ～ on**			～を試着する
1393 **turn A into B**			A を B に変える
1394 **turn off ～ / turn ～ off**			～(スイッチなど)を切る, 消す
1395 **turn on ～ / turn ～ on**			～(スイッチなど)をつける
1396 **turn out to be ～**			～であることがわかる
1397 **turn over ～ / turn ～ over**			～をひっくり返す：～ (ページなど)をめくる
1398 *be* **known for ～**			～のことで有名だ
1399 *be* **unable to** *do*			…することができない
1400 *be* **used to ～** [*doing*]			～[…すること]に慣れ ている
1401 *be* **willing to** *do*			…してもかまわない, …する気がある
1402 **as ～ as ever**			相変わらず～で
1403 **as usual**			いつものように
1404 **as well**			～もまた, 同じように
1405 **at a loss**			途方に暮れて, 困って
1406 **at present**			現在(は), 目下
1407 **at the age of ～**			～歳で
1408 **before long**			間もなく, ほどなく
1409 **for a while**			しばらくの間
1410 **for sure** [**certain**]			確かに

✓	ID	訳文に合う英文になるように空欄に熟語を書こう

☐ 1381 The problem (　　　　) (　　　　) a shortage of staff.
　　　●その問題はスタッフの不足<u>にある</u>。

☐ 1385 Can you (　　　　) the books (　　　　)?
　　　●本を<u>片付けて</u>もらえますか。

☐ 1375 The group tour was (　　　　) (　　　　).
　　　●その団体旅行は<u>中止</u>となった。

☐ 1376 We (　　　　) (　　　　) the route.
　　　●私たちはそのルート<u>に決めた</u>。

☐ 1384 The secretary (　　　　) his request (　　　) (　　　) the president.
　　　●秘書は彼の要望を社長に<u>伝えた</u>。

☐ 1383 I couldn't (　　　　) (　　　　) (　　　　　　　) in English then.
　　　●私は当時，自分の英語がうまく<u>通じ</u>なかった。

☐ 1390 Can he really (　　　　) right (　　　　) wrong?
　　　●彼は本当に善悪の<u>区別がつく</u>のだろうか。

☐ 1387 They (　　　　) (　　　　) late for the party.
　　　●彼らはパーティーに遅れて<u>現れた</u>。

☐ 1380 Leadership (　　　) (　　　　) (　　) (　　) (　　　) age.
　　　●リーダーシップは年齢と<u>無関係</u>だ。

☐ 1373 He was born and (　　　　) (　　　) in Boston.
　　　●彼はボストンで生まれ<u>育った</u>。

☐ 1371 I used to (　　　　) (　　　) Santa.
　　　●私は以前はサンタが<u>いると信じて</u>いた。

☐ 1379 I (　　　) (　　　) studying until midnight.
　　　●私は夜 12 時まで勉強し<u>続けた</u>。

☐ 1382 She's certain she'll (　　　　) (　　　) as a pro.
　　　●彼女は自分がプロとして<u>成功する</u>と確信している。

☐ 1377 I didn't (　　　) (　　　) doing anything yesterday.
　　　●昨日は何もする<u>気になれ</u>なかった。

☐ 1388 It's a perfect day for (　　　　) (　　　) (　　　　).
　　　●<u>散歩する</u>には絶好の日和だ。

☐ 1378 You should (　　　) (　　　) biting your nails.
　　　●爪を<ruby>噛<rt>か</rt></ruby>むのは<u>やめた</u>方がいいよ。

☐ 1386 She (　　　) (　　　) her glasses and read the label.
　　　●彼女は眼鏡を<u>かけて</u>，ラベルを読んだ。

☐ 1372 A little salt (　　　　) (　　　　) the flavor of the meat.
　　　●少量の塩で肉の<ruby>旨<rt>うま</rt></ruby>味を<u>引き出せる</u>。

☐ 1374 This kind of work (　　　) (　　　) great patience.
　　　●この種の仕事はかなりの忍耐を<u>必要とする</u>。

☐ 1389 Our order (　　　) (　　　) (　　　) arrive.
　　　●私たちの注文は来るのに<u>時間がかかった</u>。

Drill70の復習テスト 解答　　1381 lies in　1385 put away　1375 called off　1376 decided on　1384 passed on to
1383 make myself understood　1390 tell from　1387 showed up　1380 has nothing to do with　1373 brought up
1371 believe in　1379 went on　1382 make it　1377 feel like　1388 taking a walk　1378 give up　1386 put on
1372 brings out　1374 calls for　1389 took time to

忘れていた熟語は，p.181 の My Idiom List へ **GO▶**

熟語	1回目 意味を見て発音しながら熟語を書く	2回目 意味に合う熟語を書く	意味
1411 **for the sake of 〜 / for 〜's sake**			〜のために
1412 **in a [one] way**			ある意味で(は)
1413 **in danger of 〜**			〜の恐れ[危険]があって
1414 **in (actual) fact**			〔前述内容を追加補強して〕実際に(は)；〔前述内容を訂正・対比補強して〕それどころか(実際)
1415 **in turn**			順番に，交替で；その結果
1416 **little by little**			少しずつ
1417 **no doubt**			きっと；確かに (〜だが，…)
1418 **one after another [the other]**			次々と
1419 **right away [off]**			直ちに，すぐに
1420 **so far**			これまでのところ；(程度が)そこまでは
1421 **the other day**			先日
1422 **to 〜's surprise**			〜が驚いたことに
1423 **as [so] far as ...**			(範囲)…する限り(では)；(距離・場所)…まで
1424 **as many [much] as 〜**			〜(数量)ほども多く(の)；〜と同じくらい
1425 **both *A* and *B***			A も B も(両方とも)
1426 **either *A* or *B***			A か B のどちらか
1427 **each other**			お互い
1428 **every other 〜**			1つおきの〜，〜ごとに
1429 **something is wrong with 〜**			〜はどこか調子が悪い
1430 **What is 〜 like?**			〜はどのようなもの[人]ですか

✔	ID	訳文に合う英文になるように空欄に熟語を書こう

☐ 1408 (　　　　　) (　　　　　) they fell in love with each other.
● ほどなくして彼らは恋に落ちた。

☐ 1406 He has no time to spare (　　　) (　　　　　).
● 目下のところ彼には暇がまったくない。

☐ 1405 I was shocked and (　　　) (　　　) (　　　) for words.
● 私はショックを受けて，何と言ってよいのか困った。

☐ 1404 There were other causes (　　　) (　　　).
● 他にもまた原因があった。

☐ 1398 The town (　　　) (　　　　　) (　　　　　) its hot springs.
● その町は温泉で知られている。

☐ 1396 The report (　　　　　) (　　　) (　　　) (　　　) false.
● その報告は間違いだとわかった。

☐ 1392 Why not (　　　) these jeans (　　　)?
● このジーンズを試着してみたら？

☐ 1410 I can't say (　　　) (　　　　) what it means.
● それがどういう意味なのか，私には確かなことは言えない。

☐ 1395 I (　　　) the TV (　　　) as soon as I get home.
● 私は家に帰るとすぐにテレビをつける。

☐ 1403 She was sitting by the window (　　　) (　　　　).
● 彼女はいつものように窓際に座っていた。

☐ 1399 He'll (　　　) (　　　　　) (　　　) attend the next meeting.
● 彼は次回の会議に出席できないでしょう。

☐ 1393 She (　　　　　) her idea (　　　　) a reality.
● 彼女は自分のアイデアを現実の物にした。

☐ 1391 I can't (　　　　　) (　　　　) old things.
● 私は古い物を捨てられない。

☐ 1409 He'll stay with us (　　　) (　　　) (　　　　).
● 彼はしばらくの間私たちのところに滞在する予定だ。

☐ 1407 She started acting (　　　) (　　　) (　　　) (　　　) nine.
● 彼女は9歳のときに演劇活動を始めた。

☐ 1394 (　　　　) (　　　　) your mobile phone here.
● ここでは携帯電話の電源を切ってください。

☐ 1400 She (　　　) (　　　　) (　　　) getting up early.
● 彼女は早起きに慣れている。

☐ 1401 I (　　　) (　　　　　) (　　　) help you if you want.
● もしお望みならお手伝いしてもかまいませんよ。

☐ 1402 His family were (　　　) friendly (　　　) (　　　　).
● 彼の家族は相変わらず気さくだった。

☐ 1397 (　　　　) the pancake (　　　　) and cook for a few minutes.
● パンケーキをひっくり返して，数分火を通してください。

Drill71 の復習テスト **解答**　1408 Before long　1406 at present　1405 at a loss　1404 as well　1398 is known for
1396 turned out to be　1392 try on　1410 for sure　1395 turn on　1403 as usual　1399 be unable to
1393 turned into　1391 throw away　1409 for a while　1407 at the age of　1394 Turn off　1400 is［'s］used to
1401 am［'m］willing to　1402 as as ever　1397 Turn over

② Drill72の復習テスト

✓	ID	訳文に合う英文になるように空欄に熟語を書こう

☐ 1413 The empty house is (   ) (   ) (   ) falling down.
● その空き家は倒壊の恐れがある。

☐ 1415 We took a short break (   ) (   ).
● 私たちは交替で短い休憩をとった。

☐ 1418 The reporters asked questions (   ) (   ) (   ).
● 記者たちは次々と質問をした。

☐ 1429 (   ) (   ) (   ) (   ) this printer.
● このプリンターはどこか調子が悪い。

☐ 1423 (   ) (   ) (   ) I know, it's the best method.
● 私が知る限りでは，それが最善策だ。

☐ 1414 She loves cooking. (   ) (   ), she posts many original menus.
● 彼女は料理が大好きだ。実際，オリジナルメニューをたくさん投稿している。

☐ 1416 They're getting used to Japanese customs (   ) (   ) (   ).
● 彼らは少しずつ日本の習慣に慣れてきた。

☐ 1420 We haven't noticed anything wrong (   ) (   ).
● 私たちはこれまでのところ異常な点には何も気づいていない。

☐ 1430 (   ) your new ALT (   )?
● 新しいALTの先生はどんな人ですか。

☐ 1424 (   ) (   ) (   ) one million people joined the protest.
● 100万人もの人がその抗議活動に参加した。

☐ 1426 You can get support (   ) by chat (   ) by e-mail.
● サポートはチャットかEメールのいずれかで受けられます。

☐ 1411 She's working hard (   ) (   ) (   ) (   ) her family.
● 彼女は家族のために懸命に働いている。

☐ 1417 (   ) (   ) you'll want to live there.
● あなたはきっとそこに住みたいと思いますよ。

☐ 1428 This magazine is published (   ) (   ) Saturday.
● この雑誌は隔週の土曜日に発行される。

☐ 1421 I happened to see your sister (   ) (   ) (   ).
● 先日たまたまあなたのお姉さんに会いました。

☐ 1425 (   ) he (   ) his brother belong to the same club.
● 彼と彼の弟は2人とも同じクラブに所属している。

☐ 1422 (   ) (   ) (   ), I got a perfect score in math.
● みんなが驚いたことに，私は数学で満点を取った。

☐ 1419 I'll be with you (   ) (   ).
● すぐにそちらに参ります。

☐ 1412 Your plan sounds reasonable (   ) (   ) (   ).
● 君の計画はある意味もっともらしく聞こえる。

☐ 1427 We've known (   ) (   ) since then.
● 私たちはそれ以来知り合いだ（＝ お互いを知っている）。

Drill72の復習テスト 解答　1413 in danger of　1415 in turn　1418 one after another　1429 Something is wrong with　1423 As far as　1414 In fact　1416 little by little　1420 so far　1430 What's like　1424 As many as　1426 either or　1411 for the sake of　1417 No doubt　1428 every other　1421 the other day　1425 Both and　1422 To everyone's surprise　1419 right away　1412 in a way　1427 each other

180
忘れていた熟語は，p.181のMy Idiom Listへ Go➤

My Idiom List   ~覚えていなかった熟語~   Drill 70 ~ 72

熟語	意味

最低「5回」は書いて絶対に覚えよう！

熟語	意味

最低「5回」は書いて絶対に覚えよう！

Section 5

単語	1回目 意味を確認して単語を書く	2回目 発音しながら単語を書く	3回目 意味に合う単語を書く	意味
1431 **spend** [spend] スペンド				動 を費やす，使う
1432 **increase** [ɪnkríːs] インクリース				動 増える；を増やす 名 **アク** 増加
1433 **decrease** [díːkriːs] ディ(ー)クリース				動 減る；を減らす 名 **アク** 減少
1434 **improve** [ɪmprúːv] インプルーヴ				動 を改善する，向上させる；よくなる
1435 **provide** [prəváɪd] プロヴァイド				動 を提供 [供給] する，もたらす
1436 **include** [ɪnklúːd] インクるード				動 を含む
1437 **develop** [dɪvéləp] ディヴェろップ				動 を発達 [発展] させる；発達 [発展] する；を開発する
1438 **receive** [rɪsíːv] リスィーヴ				動 を受け取る，受ける
1439 **explain** [ɪkspléɪn] イクスプれイン				動 を説明する
1440 **lead** [liːd] リード				動 至る；(を)導く；(を)リードする 名 首位；優位　名 **アク** 鉛
1441 **perform** [pərfɔ́ːrm] パふォーム				動 うまくいく，機能する；を演じる；を行う
1442 **realize** [ríːəlàɪz] リーアらイズ				動 に気づく，を認識する；を実現する
1443 **produce** [prədjúːs] プロデュース				動 を引き起こす，もたらす；を生産 [製造] する；を制作する
1444 **participate** [pɑːrtísɪpèɪt] パーティスィペイト				動 参加する
1445 **suggest** [səɡdʒést] サ(グ)ヂェスト				動 を示す，暗示する；を提案する
1446 **encourage** [ɪnkə́ːrɪdʒ] インカ〜レッヂ				動 を促進する，奨励する；を勧める；を励ます
1447 **apply** [əpláɪ] アプらイ				動 当てはまる；申し込む；を応用 [適用] する
1448 **affect** [əfékt] アふェクト				動 に影響する；(人)の心を痛める
1449 **recognize** [rékəɡnàɪz] レコグナイズ				動 だとわかる，識別する；を認める，認識する
1450 **require** [rɪkwáɪər] リクワイア				動 を要求する；を必要とする

2 記憶から引き出す

意味	ID	単語を書こう
動 うまくいく, 機能する	1441	
動 を含む	1436	
動 を提供 [供給] する, もたらす	1435	
動 を費やす, 使う	1431	
動 を発達 [発展] させる	1437	
動 を説明する	1439	
動 減る	1433	
動 当てはまる	1447	
動 参加する	1444	
動 増える	1432	

意味	ID	単語を書こう
動 至る	1440	
動 を促進する, 奨励する	1446	
動 を引き起こす, もたらす	1443	
動 を要求する	1450	
動 だとわかる, 識別する	1449	
動 に影響する	1448	
動 を改善する, 向上させる	1434	
動 を示す, 暗示する	1445	
動 を受け取る, 受ける	1438	
動 に気づく, を認識する	1442	

単語	1回目 意味を確認して単語を書く	2回目 発音しながら単語を書く	3回目 意味に合う単語を書く	意味
1451 **maintain** [meɪntéɪn] メインテイン		➡		動 を維持する；(建物・機器類)を維持管理する
1452 **tend** [tend] テンド		➡	⬇	動 [tend to do で]…する傾向がある，…しがちである
1453 **contain** [kəntéɪn] コンテイン		➡	⬇	動 を含む
1454 **represent** [rèprɪzént] レプリゼント		➡	⬇	動 を表す，象徴する；を代表する
1455 **reach** [riːtʃ] リーチ		➡	⬇	動 に届く，達する；に着く；(手)を伸ばす 名 (届く)範囲
1456 **mention** [ménʃən] メンション		➡	⬇	動 (のこと)を話に出す，言及する 名 言及
1457 **focus** [fóʊkəs] ふォウカス		➡	⬇	動 (意識などを)集中する，焦点を合わせる 名 (関心・注意などの)中心，焦点
1458 **rent** [rent] レント		➡	⬇	動 (有料で)を借りる；(有料で)を貸す 名 賃貸料
1459 **guess** 発 [ges] ゲス		➡	⬇	動 (を)推測する 名 推測
1460 **add** [æd] アッド		➡	⬇	動 を加える；(数字など)を足す

単語	1回目	2回目	3回目	意味
1461 **delay** [dɪléɪ] ディれイ		➡	⬇	動 を遅らせる，遅れる；を延期する 名 遅れ；延期
1462 **select** [səlékt] セれクト		➡	⬇	動 を(慎重に)選び出す 形 えり抜きの
1463 **system** [sístəm] スィステム		➡	⬇	名 (体系的)方法，方式；制度；体系，系統
1464 **experience** 発 [ɪkspíəriəns] イクスピ(ア)リエンス		➡	⬇	名 経験，体験；経験したこと 動 を経験[体験]する
1465 **activity** [æktívəti] アクティヴィティ		➡	⬇	名 活動
1466 **program** 発 [próʊɡræm] プロウグラム		➡	⬇	名 (活動)計画，(教育)プログラム；番組 動 をプログラムする；を計画する
1467 **care** [keər] ケア		➡	⬇	名 注意；世話，介護 動 (に)関心がある，気にかける
1468 **situation** [sìtʃuéɪʃən] スィチュエイション		➡	⬇	名 状況，事態；(建物・町などの)位置
1469 **research** [ríːsəːrtʃ] リーサ～チ		➡	⬇	名 研究，調査 動 [72] (を)研究[調査]する
1470 **passage** 発 [pǽsɪdʒ] パセッヂ		➡	⬇	名 (本・音楽などの)一節；通路

➋ 記憶から引き出す

意味	ID	単語を書こう
名 状況，事態	1468	
動 を遅らせる，遅れる	1461	
動 (のこと)を話に出す，言及する	1456	
名 活動	1465	
名 注意	1467	
動 を加える	1460	
動 (意識などを)集中する，焦点を合わせる	1457	
名 研究，調査	1469	
動 を含む	1453	
動 (有料で)を借りる	1458	

意味	ID	単語を書こう
動 を(慎重に)選び出す	1462	
動 に届く，達する	1455	
名 (体系的)方法，方式	1463	
名 (本・音楽などの)一節	1470	
動 を表す，象徴する	1454	
動 を維持する	1451	
動 (を)推測する	1459	
名 経験，体験	1464	
動 …する傾向がある，…しがちである	1452	*to do*
名 (活動)計画，(教育)プログラム	1466	

➌ Drill 73 の復習テスト

✓	単語 なぞって書く	ID	意味を書こう
	realize	1442	
	decrease	1433	
	affect	1448	
	spend	1431	
	produce	1443	
	encourage	1446	
	include	1436	
	improve	1434	
	participate	1444	
	perform	1441	

✓	単語 なぞって書く	ID	意味を書こう
	provide	1435	
	receive	1438	
	develop	1437	
	suggest	1445	
	recognize	1449	
	increase	1432	
	explain	1439	
	require	1450	
	apply	1447	
	lead	1440	

忘れていた単語は，p.204 の My Word List へ **Go**

単語	1回目 意味を確認して単語を書く	2回目 発音しながら単語を書く	3回目 意味に合う単語を書く	意味
1471 **factor** [fǽktər] ふァクタァ		⇨	⇩	名 要因，要素
1472 **value** [vǽlju:] ヴァりュー		⇨	⇩	名 価値；価格 動 を尊重する
1473 **influence** ⑦[ínfluəns] インふるエンス		⇨	⇩	名 影響；影響力；影響を与えた人[物] 動 に影響を及ぼす
1474 **author** 発 [ɔ́:θər] オーさァ		⇨	⇩	名 著者，作者
1475 **role** [roul] ロウる		⇨	⇩	名 役割；(映画・劇などでの)役
1476 **average** 発 ⑦[ǽvəridʒ] アヴェレッヂ		⇨	⇩	名 平均(値)；標準 形 平均の
1477 **friendship** [fréndʃip] ふレンドシップ		⇨	⇩	名 交友関係；友情；(国の)友好関係
1478 **view** [vju:] ヴュー		⇨	⇩	名 意見，考え；眺め 動 を考察する；を見る
1479 **result** 発 [rizʌ́lt] リザるト		⇨	⇩	名 結果 動 (result in ～ で)～という結果になる
1480 **surface** 発 ⑦[sə́:rfəs] サ～ふェス		⇨	⇩	名 (the ～)外見，うわべ；表面 形 表面の；表面的な
1481 **rate** [reit] レイト		⇨	⇩	名 割合，比率；速度，ペース 動 を評価する；を(～と)格付けする
1482 **process** ⑦[prá(:)ses] プラ(ー)セス		⇨	⇩	名 過程；推移；工程 動 を(加工)処理する
1483 **topic** [tá(:)pik] タ(ー)ピック		⇨	⇩	名 話題，トピック；主題
1484 **variety** 発 ⑦[vəráiəti] ヴァライエティ		⇨	⇩	名 種類；いろいろ；変化(に富むこと)
1485 **risk** [risk] リスク		⇨	⇩	名 危険(性)，リスク 動 を危険にさらす
1486 **amount** [əmáunt] アマウント		⇨	⇩	名 (ある)量；合計，総額 動 (amount to ～ で)(総計)に達する
1487 **skill** [skil] スキる		⇨	⇩	名 技能，技術；(熟練した)技量，腕前
1488 **period** [píəriəd] ピ(ア)リオッド		⇨	⇩	名 期間；時代；(授業の)時限；ピリオド
1489 **center** [séntər] センタァ		⇨	⇩	名 中心；中心施設；中心的存在；中心地[街] 動 を中心に置く
1490 **sense** [sens] センス		⇨	⇩	名 感覚；意味；分別

2 記憶から引き出す

意味	ID	単語を書こう	意味	ID	単語を書こう
名 要因, 要素	1471		名 期間	1488	
名 割合, 比率	1481		名 結果	1479	
名 話題, トピック	1483		名 交友関係	1477	
名 (ある)量	1486		名 外見, うわべ	1480	
名 平均(値)	1476		名 中心	1489	
名 過程	1482		名 価値	1472	
名 著者, 作者	1474		名 危険(性), リスク	1485	
名 感覚	1490		名 役割	1475	
名 種類	1484		名 影響	1473	
名 技能, 技術	1487		名 意見, 考え	1478	

3 Drill74の復習テスト

✓	単語 なぞって書く	ID	意味を書こう	✓	単語 なぞって書く	ID	意味を書こう
	program	1466			research	1469	
	care	1467			reach	1455	
	situation	1468			tend	1452	
	rent	1458			guess	1459	
	delay	1461			add	1460	
	passage	1470			focus	1457	
	activity	1465			maintain	1451	
	contain	1453			experience	1464	
	represent	1454			select	1462	
	mention	1456			system	1463	

忘れていた単語は, p.204 の My Word List へ **GO**

単語	1回目 意味を確認して単語を書く	2回目 発音しながら単語を書く	3回目 意味に合う単語を書く	意味
1491 **opportunity** [à(:)pərtjúːnəti] ア(ー)ポ**テュ**ーニティ				名 機会，好機
1492 **effect** [ɪfékt] イ**ふェ**クト				名 影響，効果；結果
1493 **public** [pʌ́blɪk] **パ**ブリック				名 [the 〜]大衆，一般の人々 形 大衆の；公共の；公然の
1494 **transportation** [træ̀nspərtéɪʃən] トゥランスポ**テ**イション				名 交通[輸送]機関；輸送
1495 **atmosphere** [ǽtməsfìər] **ア**トゥモスふィア				名 雰囲気；[the 〜]大気
1496 **attention** [əténʃən] ア**テ**ンション				名 注意(力)；注目；関心； 配慮
1497 **space** [speɪs] ス**ペ**イス				名 (空いている)場所，空 間；宇宙；(字・行)間
1498 **behavior** [bɪhéɪvjər] ビ**ヘ**イヴャ				名 振る舞い，行儀，態度， 行動
1499 **object** [á(:)bdʒekt] **ア**(ー)ブヂェクト				名 (無生物の)物，物体；対 象；目的語；目的 動 反対する
1500 **company** [kʌ́mpəni] **カ**ンパニィ				名 会社；同伴，同席；仲間
1501 **field** [fiːld] **フィ**ーるド				名 分野，領域；畑；競技場
1502 **following** [fá(:)loʊɪŋ] **ふァ**(ー)ろウイング				形 [the 〜]次の，以下の 名 [the 〜]以下のこと[物・人]
1503 **various** [véəriəs] **ヴェ**(ア)リアス				形 さまざまな，多様な
1504 **several** [sévrəl] **セ**ヴらる				形 いくつかの 代 いくつか，何人か
1505 **local** [lóʊkəl] **ろ**ウカる				形 地元の，現地の；各駅 停車の
1506 **related** [rɪléɪtɪd] リ**れ**イティッド				形 関連して；親類関係で
1507 **possible** [pá(:)səbl] **パ**(ー)スィブる				形 可能な；あり得る
1508 **similar** [símələr] **スィ**ミらァ				形 似ている，同様の
1509 **concerned** [kənsə́ːrnd] コンサ〜ンド				形 心配して；関心を持って
1510 **available** [əvéɪləbl] ア**ヴェ**イらブる				形 利用できる，手に入 る；(時間があり)会える， 話せる

2 記憶から引き出す

意味	ID	単語を書こう
名 (空いている) 場所, 空間	1497	
名 交通[輸送]機関	1494	
名 (無生物の)物, 物体	1499	
形 さまざまな, 多様な	1503	
名 会社	1500	
形 心配して	1509	
形 次の, 以下の	1502	
名 大衆, 一般の人々	1493	
形 利用できる, 手に入る	1510	
名 機会, 好機	1491	

意味	ID	単語を書こう
名 振る舞い, 行儀, 態度	1498	
形 可能な	1507	
形 地元の, 現地の	1505	
名 雰囲気	1495	
名 影響, 効果	1492	
形 似ている, 同様の	1508	
名 注意(力)	1496	
形 関連して	1506	
形 いくつかの	1504	
名 分野, 領域	1501	

3 Drill 75の復習テスト

✓	単語 なぞって書く	ID	意味を書こう
	period	1488	
	view	1478	
	value	1472	
	average	1476	
	result	1479	
	rate	1481	
	factor	1471	
	author	1474	
	skill	1487	
	influence	1473	

✓	単語 なぞって書く	ID	意味を書こう
	friendship	1477	
	variety	1484	
	role	1475	
	amount	1486	
	process	1482	
	risk	1485	
	topic	1483	
	sense	1490	
	surface	1480	
	center	1489	

忘れていた単語は, p.204 の My Word List へ **Go**

単語	1回目 意味を確認して単語を書く	2回目 発音しながら単語を書く	3回目 意味に合う単語を書く	意味
1511 **dry** [draɪ] ドゥライ				形 雨の少ない, 乾燥した；乾いた 動 を乾かす, 乾く
1512 **past** [pæst] パスト				形 過ぎたばかりの, この前の 名 過去 前 〜を(通り)過ぎて 副 (場所を・時が)過ぎて
1513 **modern** [mɑ́(ː)dərn] マ(ー)ダン				形 近代的な, 最新の；現代の, 近代の
1514 **unique** [juníːk] ユニーク				形 特有の；唯一の；格別の
1515 **common** [kɑ́(ː)mən] カ(ー)モン				形 よくある, 普通の；共通の
1516 **prepare** [prɪpéər] プリペア				動 (を)準備 [用意] する；(食事)を作る
1517 **regard** [rɪɡɑ́ːrd] リガード				動 を(〜と)思う, 考える 名 (〜s)よろしくという挨拶
1518 **occur** [əkə́ːr] オカ〜				動 (予期せず)起こる；(場所・状況などに)存在する, ある
1519 **suppose** [səpóʊz] サポウズ				動 だと思う, 考える
1520 **serve** [səːrv] サ〜ヴ				動 (食事)を出す；(に)役立つ；(のために)勤務する
1521 **wonder** [wʌ́ndər] ワンダァ				動 だろうかと思う；驚く 名 驚き；驚くべき事[人・物]
1522 **reduce** [rɪdjúːs] リデュース				動 を減らす, 減る
1523 **promote** [prəmóʊt] プロモウト				動 を促進する；(主に受け身で)を昇進させる
1524 **survive** [sərváɪv] サヴァイヴ				動 (を)生き延びる, 切り抜ける；(物が)存続し続ける
1525 **gain** [ɡeɪn] ゲイン				動 を(徐々に)得る；を増す 名 増加；利点
1526 **divide** [dɪváɪd] ディヴァイド				動 を分ける, 分かれる
1527 **attract** [ətrǽkt] アトゥラクト				動 (人・物)を引き寄せる；(関心など)を引く
1528 **achieve** [ətʃíːv] アチーヴ				動 を達成する；を獲得する；成功を収める
1529 **fit** [fɪt] ふィット				動 (に)適する, 合致する；(型・寸法が)(人に)合う 形 適した；体調がよくて
1530 **reveal** [rɪvíːl] リヴィーる				動 を明らかにする

② 記憶から引き出す

意味	ID	単語を書こう
動 を明らかにする	1530	
形 よくある, 普通の	1515	
形 特有の	1514	
動 (予期せず)起こる	1518	
動 を促進する	1523	
動 (食事)を出す	1520	
動 を(徐々に)得る	1525	
動 を(~と)思う, 考える	1517	
動 を達成する	1528	
動 を分ける, 分かれる	1526	

意味	ID	単語を書こう
動 (に)適する, 合致する	1529	
形 近代的な, 最新の	1513	
動 を減らす, 減る	1522	
動 (を)準備[用意]する	1516	
動 (を)生き延びる, 切り抜ける	1524	
動 だと思う, 考える	1519	
動 (人・物)を引き寄せる	1527	
動 だろうかと思う	1521	
形 過ぎたばかりの, この前の	1512	
形 雨の少ない, 乾燥した	1511	

③ Drill 76 の復習テスト

✓	単語 なぞって書く	ID	意味を書こう
	possible	1507	
	following	1502	
	opportunity	1491	
	behavior	1498	
	similar	1508	
	available	1510	
	field	1501	
	attention	1496	
	local	1505	
	company	1500	

✓	単語 なぞって書く	ID	意味を書こう
	public	1493	
	atmosphere	1495	
	space	1497	
	several	1504	
	various	1503	
	object	1499	
	effect	1492	
	related	1506	
	transportation	1494	
	concerned	1509	

忘れていた単語は, p.204 の My Word List へ **Go**

単語	1回目 意味を確認して単語を書く	2回目 発音しながら単語を書く	3回目 意味に合う単語を書く	意味
1531 **wish** [wɪʃ] ウィッシ	→		⬇	動 (を)願う；を祈る 名 願い(事)；(~es)祝福の言葉
1532 **fill** [fɪl] ふィる	→		⬇	動 を満たす；いっぱいになる
1533 **hurt** ⊛ [həːrt] ハ〜ト	→		⬇	動 を傷つける, 害する；痛む 名 けが；苦痛 形 けがをした；気分を害した
1534 **discover** [dɪskʌ́vər] ディスカヴァ	→		⬇	動 を知る, がわかる；を発見する, 見つける
1535 **indicate** ⑦ [índɪkèɪt] インディケイト	→		⬇	動 を示す；を指し示す；の徴候を示す
1536 **overcome** ⑦ [òuvərkʌ́m] オウヴァカム	→		⬇	動 を克服する, に打ち勝つ
1537 **protect** [prətékt] プロテクト	→		⬇	動 を守る, 保護する
1538 **remove** [rɪmúːv] リムーヴ	→		⬇	動 を取り去る, 移動させる；を取り除く；を脱ぐ, 外す
1539 **rely** ⊛ ⑦ [rɪláɪ] リらイ	→		⬇	動 (rely on ~ で)を当てにする, に頼る
1540 **bother** [bɑ́(:)ðər] バ(ー)ざァ	→		⬇	動 (通例否定・疑問文で) わざわざ…する；を悩ませる, 面倒をかける
1541 **seek** [siːk] スィーク	→		⬇	動 (を)追い求める；を得ようとする；(助け・情報など)を求める
1542 **matter** [mǽtər] マタァ	→		⬇	動 (が)重要[問題]だ 名 (対処すべき)事, 問題；事態；困難
1543 **concentrate** ⑦ [kɑ́(:)nsəntrèɪt] カ(ー)ンセントゥレイト	→		⬇	動 集中する, 専念する；(注意など)を集中させる
1544 **react** [riǽkt] リアクト	→		⬇	動 反応[対応]する
1545 **struggle** [strʌ́gl] ストゥラグる	→		⬇	動 奮闘する；(人と)もみ合う 名 奮闘
1546 **admit** [ədmít] アドミット	→		⬇	動 (を)(しぶしぶ)認める
1547 **lock** [lɑ(:)k] ら(ー)ック	→		⬇	動 (施錠して)をしまい込む, 閉じ込める；にかぎをかける, かぎがかかる 名 錠
1548 **issue** [íʃuː] イシュー	→		⬇	名 問題(点)；発行；発行物
1549 **relationship** [rɪléɪʃənʃìp] リれイションシップ	→		⬇	名 関係
1550 **list** [lɪst] リスト	→		⬇	名 リスト, 一覧(表) 動 をリスト[一覧表]にする

② 記憶から引き出す

意味	ID	単語を書こう
名 リスト，一覧(表)	1550	
動 〔通例否定・疑問文で〕わざわざ…する	1540	
名 問題(点)	1548	
動 を知る，がわかる	1534	
名 関係	1549	
動 を当てにする，に頼る	1539	on
動 (を)追い求める	1541	
動 を満たす	1532	
動 を取り去る，移動させる	1538	
動 を克服する，に打ち勝つ	1536	

意味	ID	単語を書こう
動 (が)重要[問題]だ	1542	
動 を守る，保護する	1537	
動 を示す	1535	
動 反応[対応]する	1544	
動 集中する，専念する	1543	
動 (を)(しぶしぶ)認める	1546	
動 (を)願う	1531	
動 奮闘する	1545	
動 を傷つける，害する	1533	
動 (施錠して)をしまい込む，閉じ込める	1547	

③ Drill77の復習テスト

✓	単語 なぞって書く	ID	意味を書こう
	unique	1514	
	gain	1525	
	common	1515	
	prepare	1516	
	attract	1527	
	fit	1529	
	achieve	1528	
	regard	1517	
	reveal	1530	
	suppose	1519	

✓	単語 なぞって書く	ID	意味を書こう
	dry	1511	
	wonder	1521	
	past	1512	
	modern	1513	
	survive	1524	
	serve	1520	
	occur	1518	
	reduce	1522	
	promote	1523	
	divide	1526	

忘れていた単語は，p.204 の My Word List へ **Go**

単語	1回目 意味を確認して単語を書く	2回目 発音しながら単語を書く	3回目 意味に合う単語を書く	意味
1551 **item** 発 [áitəm] **ア**イテム				图 1 品，1 点；（リストな どの）項目，品目
1552 **distance** [dístəns] **ディ**スタンス				图 距離；[単数形で]遠距離
1553 **case** [keɪs] **ケ**イス				图 場合；事例；[the 〜]実情； 事件；訴訟 图 容器，ケース，箱
1554 **opinion** [əpínjən] オ**ピ**ニョン				图 意見，見解
1555 **century** [séntʃəri] **セ**ンチュリィ				图 （〜）世紀；100 年（間）
1556 **trouble** [trʌ́bl] ト**ゥラ**ブる				图 困難（な事態），困り 事；面倒；もめ事 動 を悩ます；に面倒をかける
1557 **total** 発 [tóutəl] **ト**ウトゥる				图 合計 形 合計の；まったくの
1558 **advantage** 発 ⑦ [ədvǽntɪdʒ] アド**ヴァ**ンテッヂ				图 有利な点，強み；長所
1559 **detail** [díːteɪl, dɪtéɪl] **ディ**ーテイる, ディ**テ**イる				图 細部；[〜s]詳細（な情報）
1560 **moment** [móumənt] **モ**ウメント				图 （特定の）時点；瞬間
1561 **bill** [bɪl] **ビ**る				图 請求書；国 紙幣；[the 〜] 图 勘定（書）
1562 **rest** [rest] **レ**スト				图 [the 〜]残り；休息；休止 動 休憩する
1563 **deal** [diːl] **ディ**ーる				图 量；取引 動 [deal with 〜 で]〜に対処す る；〜を扱う
1564 **feature** 発 [fíːtʃər] **ふィ**ーチャ				图 （際立った）特徴；[〜s]顔 立ち，目鼻立ち 動 を呼び物にする, 取り上げる
1565 **survey** ⑦ [sə́ːrveɪ] **サ**〜ヴェイ				图 （意見・行動などのアンケー ト）調査 動 [アク] を調査する
1566 **destination** [dèstɪnéɪʃən] デスティ**ネ**イション				图 目的地，行き先
1567 **conclusion** [kənklúːʒən] コンク**る**ージョン				图 結論
1568 **attitude** ⑦ [ǽtətjùːd] **ア**ティテュード				图 態度，考え方
1569 **impact** ⑦ [ímpækt] **イ**ンパクト				图 （大きな）影響（力），衝 撃
1570 **source** [sɔːrs] **ソ**ース				图 源，原因；[通例〜s]出所 [ソース]

196

2 記憶から引き出す

意味	ID	単語を書こう	意味	ID	単語を書こう
名 有利な点, 強み	1558		名 困難(な事態), 困り事	1556	
名 合計	1557		名 源, 原因	1570	
名 残り	1562		名 (特定の)時点	1560	
名 場合	1553		名 請求書	1561	
名 (大きな)影響(力), 衝撃	1569		名 (意見・行動などのアンケート)調査	1565	
名 (際立った)特徴	1564		名 目的地, 行き先	1566	
名 (〜)世紀	1555		名 態度, 考え方	1568	
名 細部	1559		名 意見, 見解	1554	
名 1品, 1点	1551		名 結論	1567	
名 量	1563		名 距離	1552	

3 Drill 78 の復習テスト

✓	単語 なぞって書く	ID	意味を書こう	✓	単語 なぞって書く	ID	意味を書こう
	react	1544			matter	1542	
	list	1550			wish	1531	
	seek	1541			relationship	1549	
	bother	1540			concentrate	1543	
	issue	1548			discover	1534	
	admit	1546			struggle	1545	
	remove	1538			overcome	1536	
	lock	1547			indicate	1535	
	protect	1537			rely	1539	
	hurt	1533			fill	1532	

忘れていた単語は, p.204 の My Word List へ Go

単語	1回目 意味を確認して単語を書く	2回目 発音しながら単語を書く	3回目 意味に合う単語を書く	意味
1571 **row** [rou] ロウ		➡		图 列，並び；(劇場などの)座席の列 動 (ボートなど)をこぐ
1572 **assistant** [əsístənt] アスィスタント		➡	⬇	图 助手，補佐 形 補助の
1573 **impression** [ɪmpréʃən] インプレション		➡	⬇	图 印象；(漠然とした)感じ
1574 **noise** [nɔɪz] ノイズ		➡	⬇	图 騒音；物音，音
1575 **sign** [saɪn] サイン		➡	⬇	图 兆し，表れ，しるし；標識；合図 動 (に)署名[サイン]する
1576 **aim** [eɪm] エイム		➡	⬇	图 目的，目標；ねらい 動 (を)目標にする；(武器などで)ねらう
1577 **occasion** [əkéɪʒən] オケイジョン		➡	⬇	图 (特定の)時；機会；(特別の)出来事
1578 **relation** [rɪléɪʃən] リれイション		➡	⬇	图 関係，関連；(~s)(団体・国家などの公式な)関係；親戚
1579 **signal** [sígnəl] スィグヌる		➡	⬇	图 合図；信号；信号機
1580 **balance** ⑦[bǽləns] バらンス		➡	⬇	图 バランス，均衡；(体の)平衡(感覚)；(預金の)残高 動 (の)バランスをとる
1581 **track** [træk] トゥラック		➡	⬇	图 (人などが通ってできた)小道；(~s)通った跡，足跡；トラック競技
1582 **symbol** [símbəl] スィンボる		➡	⬇	图 象徴，シンボル；記号
1583 **circle** [sə́ːrkl] サ～クる		➡	⬇	图 仲間；円，輪 動 を丸で囲む
1584 **leisure** ⑦[líːʒər] リージャ		➡	⬇	图 余暇，自由な時間
1585 **angle** [ǽŋgl] アングる		➡	⬇	图 観点，見方；角度
1586 **comfortable** ⑦⑦[kʌ́mfərtəbl] カンふォタブる		➡	⬇	形 (物が)快適な；(人が)心地よく感じる
1587 **recent** ⑦⑦[ríːsənt] リースント		➡	⬇	形 最近の
1588 **real** [ríːəl] リーアる		➡	⬇	形 現実の，実在する；真の；本物の
1589 **dangerous** [déɪndʒərəs] デインヂャラス		➡	⬇	形 危険な
1590 **current** [kə́ːrənt] カ～レント		➡	⬇	形 現在の，今の；最新の 图 流れ；電流；風潮

② 記憶から引き出す

意味	ID	単語を書こう
形 最近の	1587	
名 (人などが通ってできた)小道	1581	
名 合図	1579	
名 観点, 見方	1585	
名 目的, 目標	1576	
名 (特定の)時	1577	
形 現在の, 今の	1590	
名 関係, 関連	1578	
名 騒音	1574	
名 印象	1573	

意味	ID	単語を書こう
名 仲間	1583	
形 (物が)快適な	1586	
名 象徴, シンボル	1582	
名 助手, 補佐	1572	
形 危険な	1589	
形 現実の, 実在する	1588	
名 バランス, 均衡	1580	
名 兆し, 表れ, しるし	1575	
名 列, 並び	1571	
名 余暇, 自由な時間	1584	

③ Drill 79 の復習テスト

✓	単語 なぞって書く	ID	意味を書こう
	attitude	1568	
	impact	1569	
	conclusion	1567	
	feature	1564	
	opinion	1554	
	deal	1563	
	item	1551	
	destination	1566	
	distance	1552	
	rest	1562	

✓	単語 なぞって書く	ID	意味を書こう
	detail	1559	
	source	1570	
	case	1553	
	total	1557	
	trouble	1556	
	advantage	1558	
	bill	1561	
	century	1555	
	survey	1565	
	moment	1560	

忘れていた単語は, p.204 の My Word List へ **Go**

単語	1回目 意味を確認して単語を書く	2回目 発音しながら単語を書く	3回目 意味に合う単語を書く	意味
1591 **final** [fáɪnəl] ふァイナる				形 **最後の**；最終的な 名 決勝(戦)；困 期末試験
1592 **obvious** 題 [á(:)bviəs] **ア**(ー)ブヴィアス				形 **明らかな**
1593 **fair** [feər] ふェア				形 (状況的に) **妥当な，適正な**；公平[公正]な 名 見本市，フェア
1594 **proud** [praud] プラウド				形 **誇りに思って**；プライドの高い
1595 **anxious** [ǽŋkʃəs] **ア**ンクシャス				形 **切望して**；心配して，不安で
1596 **impossible** [ɪmpá(:)səbl] インパ(ー)スィブる				形 **不可能な**
1597 **opposite** ⑦ [á(:)pəzɪt] **ア**(ー)ポズィット				形 **反対側の，向かい側の**；(正)反対の 前 〜の向かい(側)に
1598 **terrible** [térəbl] **テ**リブる				形 **ひどい，恐ろしい**
1599 **thick** [θɪk] **す**ィック				形 **厚い**；濃い
1600 **narrow** [nǽrou] **ナ**ロウ				形 (幅が) **狭い，細い**；辛うじての，ぎりぎりの
1601 **actually** [ǽktʃuəli] **ア**クチュ(ア)リィ				副 **実際に**；(いや)実は，実のところ
1602 **especially** [ɪspéʃəli] イス**ペ**シャリィ				副 **特に，とりわけ**；(理由を強調して) 特に (〜のため)
1603 **perhaps** [pərhǽps] パ**ハ**ップス				副 **もしかしたら(…かもしれない)**；(控えめに提案して) もしよ ければ
1604 **fortunately** [fɔ́ːrtʃənətli] **ふォ**ーチュネットリィ				副 **幸運にも**
1605 **less** [les] れス				副 **より少なく** 形 より少ない[小さい] 名 より少ない量の物
1606 **least** [liːst] **リ**ースト				副 **最も〜でない**；最も少なく(…する)　名 最小(の数・量)　形 最も〜でない
1607 **abroad** 題 [əbrɔ́ːd] アブ**ロ**ード				副 **外国に[で]**
1608 **overseas** [òuvərsíːz] オウヴァ**スィ**ーズ				副 **海外へ[に，で]** 形 海外の
1609 **rather** ⑦ [rǽðər] **ラ**ざァ				副 **むしろ**；いくぶん
1610 **probably** [prá(:)bəbli] プラ(ー)バブリィ				副 **たぶん(…だろう)**

2 記憶から引き出す

意味	ID	単語を書こう
形 厚い	1599	
副 外国に[で]	1607	
副 特に，とりわけ	1602	
副 実際に	1601	
副 むしろ	1609	
形 明らかな	1592	
副 より少なく	1605	
形 反対側の，向かい側の	1597	
形 ひどい，恐ろしい	1598	
形 不可能な	1596	

意味	ID	単語を書こう
形 最後の	1591	
形 誇りに思って	1594	
形 (状況的に)妥当な，適正な	1593	
副 幸運にも	1604	
副 たぶん(…だろう)	1610	
形 (幅が)狭い，細い	1600	
形 切望して	1595	
副 もしかしたら(…かもしれない)	1603	
副 海外へ[に，で]	1608	
副 最も〜でない	1606	

3 Drill80の復習テスト

✔	単語 なぞって書く	ID	意味を書こう
	row	1571	
	balance	1580	
	angle	1585	
	circle	1583	
	aim	1576	
	current	1590	
	sign	1575	
	leisure	1584	
	symbol	1582	
	real	1588	

✔	単語 なぞって書く	ID	意味を書こう
	comfortable	1586	
	impression	1573	
	noise	1574	
	relation	1578	
	signal	1579	
	recent	1587	
	assistant	1572	
	occasion	1577	
	dangerous	1589	
	track	1581	

忘れていた単語は，p.204 の My Word List へ Go

201

単語	1回目 意味を確認して単語を書く	2回目 発音しながら単語を書く	3回目 意味に合う単語を書く	意味
1611 **easily** [íːzɪli] **イー**ズィリィ		➡		副 たやすく，簡単に
1612 **quite** ⚡ [kwaɪt] ク**ワ**イト		➡	⬇	副 **かなり**；まったく，すっかり
1613 **exactly** [ɪgzǽktli] イグ**ザ**ク（ト）リィ		➡	⬇	副 **正確に，まさに**；正確には；（返答）その通り
1614 **instead** ⑦ [ɪnstéd] インス**テ**ッド		➡	⬇	副 **その代わりに**，そうではなくて
1615 **immediately** [ɪmíːdiətli] イ**ミー**ディエットリィ		➡	⬇	副 **直ちに**；直接に，じかに
1616 **somewhere** ⑦ [sʌ́mhwèər] **サ**ム（フ）ウェア		➡	⬇	副 **どこかに[へ，で]** 代 どこか
1617 **gradually** [grǽdʒuəli] グ**ラ**ヂュアリィ		➡	⬇	副 **徐々に**，だんだんと
1618 **simply** [símpli] **ス**インプリィ		➡	⬇	副 **単に**；まったく，とても；簡単に
1619 **indeed** [ɪndíːd] イン**ディ**ード		➡	⬇	副 **確かに，本当に**；実に
1620 **whether** [hwéðər] （フ）**ウェ**ざァ		➡	⬇	接 **…かどうか**；…であろうとなかろうと
1621 **also** [ɔ́ːlsou] **オ**ーるソウ		➡	⬇	副 **その上**；～もまた
1622 **moreover** ⚡⑦ [mɔːróuvər] モー**ロ**ウヴァ		➡	⬇	副 **その上，さらに**
1623 **besides** [bɪsáɪdz] ビ**サ**イヅ		➡	⬇	副 **その上（何と言っても）** 前 ～に加えて
1624 **though** ⚡ [ðou] **ぞ**ウ		➡	⬇	副 **でも，だけど** 接 …だけれども；（もっとも）…なのだが
1625 **however** ⑦ [hauévər] ハウ**エ**ヴァ		➡	⬇	副 **しかしながら**；どんなに…でも
1626 **although** ⑦ [ɔːlðóu] オーる**ぞ**ウ		➡	⬇	接 **…だけれども，…にもかかわらず**；（もっとも）…なのだが
1627 **true** [truː] **トゥ**ルー		➡	⬇	形 **本当の，真実の**
1628 **because** [bɪkʌ́z] ビ**カ**（ー）ズ		➡	⬇	接 **なぜなら，…なので**
1629 **therefore** ⑦ [ðéərfɔ̀ːr] **ぜ**アフォー		➡	⬇	副 **したがって，それゆえ**
1630 **anyway** [éniwèɪ] **エ**ニウェイ		➡	⬇	副 **いずれにしても**；（それは）ともかく；さて，では

② 記憶から引き出す

	意味	ID	単語を書こう
副	確かに，本当に	1619	
接	…かどうか	1620	
副	徐々に，だんだんと	1617	
副	いずれにしても	1630	
形	本当の，真実の	1627	
副	正確に，まさに	1613	
副	その上，さらに	1622	
接	なぜなら，…なので	1628	
接	…だけれども，…にもかかわらず	1626	
副	その上	1621	

	意味	ID	単語を書こう
副	でも，だけど	1624	
副	その代わりに，そうではなくて	1614	
副	単に	1618	
副	直ちに	1615	
副	どこかに[へ，で]	1616	
副	たやすく，簡単に	1611	
副	しかしながら	1625	
副	したがって，それゆえ	1629	
副	かなり	1612	
副	その上（何と言っても）	1623	

③ Drill81の復習テスト

✓	単語 なぞって書く	ID	意味を書こう
	anxious	1595	
	actually	1601	
	final	1591	
	fair	1593	
	especially	1602	
	narrow	1600	
	overseas	1608	
	terrible	1598	
	rather	1609	
	obvious	1592	

✓	単語 なぞって書く	ID	意味を書こう
	perhaps	1603	
	less	1605	
	thick	1599	
	least	1606	
	opposite	1597	
	proud	1594	
	abroad	1607	
	impossible	1596	
	fortunately	1604	
	probably	1610	

忘れていた単語は，p.204 の My Word List へ **Go**

3 Drill82の復習テスト

✔	単語 なぞって書く	ID	意味を書こう
	immediately	1615	
	exactly	1613	
	quite	1612	
	somewhere	1616	
	true	1627	
	instead	1614	
	whether	1620	
	indeed	1619	
	though	1624	
	however	1625	

✔	単語 なぞって書く	ID	意味を書こう
	because	1628	
	moreover	1622	
	gradually	1617	
	anyway	1630	
	therefore	1629	
	simply	1618	
	besides	1623	
	also	1621	
	easily	1611	
	although	1626	

My Word List   Drill 73 〜 82
〜覚えていなかった単語〜

単語	意味

単語	意味

単語	意味

単語	意味

最低「5回」は書いて絶対に覚えよう！

単語	意味	単語	意味

最低「5回」は書いて絶対に覚えよう！

単語	意味

単語	意味

最低「5回」は書いて絶対に覚えよう！

単語	意味	単語	意味

最低「５回」は書いて絶対に覚えよう！

熟語	1回目 意味を見て発音しながら熟語を書く	2回目 意味に合う熟語を書く	意味
1631 **bring about 〜 / bring 〜 about**			〜を引き起こす，もたらす
1632 **catch up（with 〜）**			（〜に）追いつく
1633 **check out 〜 / check 〜 out**			〜を調べる；〜に注目する
1634 **deal with 〜**			〜に対処する，処理する；〜を扱う；〜と取引する
1635 **end up** *doing*			最終的には…することになる
1636 **figure out 〜 / figure 〜 out**			〜を理解する，解決する；〜を計算する
1637 **fill in 〜 / fill 〜 in**			（必要な情報を）〜に記入する
1638 **get rid of 〜**			〜（不要な物）を処分する，取り除く；〜（不快な状況など）から脱する
1639 **have** *A* **in common （with** *B***）**			（B と）共通の A を持つ
1640 **keep up with 〜**			〜に（遅れずに）ついて行く；〜（情報・流行など）について行く
1641 **look to** *A* **（for** *B***）**			A に（B を）期待する，当てにする；A に注意を払う
1642 **make sense**			意味を成す，理解しやすい；道理にかなう，賢明である
1643 **make sure （that）...**			…（ということ）を確かめる；確実に…であるようにする
1644 **make up for 〜**			〜の埋め合わせをする，〜を償う
1645 **make up** *one's* **mind**			決心する
1646 **never fail to** *do*			必ず…する
1647 **result in 〜**			〜という結果になる
1648 **set off（for 〜）**			（〜に向けて）出発する
1649 **set out to** *do*			（目的をもって）…し始める，…しようと試みる
1650 **set up 〜 / set 〜 up**			〜（事業など）を始める，設立する；〜を組み立てる

1 書いて記憶 [熟語番号：1651〜1670]　　　　　学習日：　　月　　日

熟語	1回目 意味を見て発音しながら熟語を書く	2回目 意味に合う熟語を書く	意味
1651 stay up			(寝ないで)起きている
1652 take advantage of ～			～(機会など)を利用する；～(人)につけ込む
1653 take in ～ / take ～ in			～(人)をだます；～を摂取する
1654 take over ～ / take ～ over			～(職務・責任など)を引き継ぐ；～(会社など)を買収する
1655 turn down ～			～を拒む，断る；～(音量など)を小さくする
1656 according to ～			～によれば；～に従って
1657 at [from] a distance			(場所的に)離れた所に[から]；(時間的に)ずっと後で
1658 by means of ～			～によって，～を用いて
1659 for a moment			少しの間
1660 in a [one] sense			ある意味では
1661 in case of ～			(もし)～の場合は；～に備えて
1662 in contrast to [with] ～			～とは対照的に
1663 in one's opinion [view]			～の考え[意見]では
1664 in terms of ～			～の観点から
1665 instead of ～			～の代わりに，～ではなくて
1666 next to ～			(位置などが)～の隣に；(順序などが)～に次いで；(否定表現で)ほとんど～で
1667 no more than ～			わずか～，たった～；～にすぎない
1668 nothing but ～			ただ～だけ
1669 out of order			(機械などが)故障して，調子が悪い；順序が乱れて
1670 regardless of ～			～に関係なく，かまわず

✔	ID	訳文に合う英文になるように空欄に熟語を書こう

☐ 1646 You (　　　) (　　　) (　　　) make me smile.
●君はいつも私を笑顔にしてくれるね。

☐ 1648 We (　　) (　　) (　　) the next destination.
●私たちは次の目的地へと出発した。

☐ 1645 She (　　) (　　) (　　) (　　) to study abroad.
●彼女は留学しようと決心した。

☐ 1636 Can you (　　) (　　) how to operate this?
●これの操作の仕方がわかりますか。

☐ 1637 Please (　) (　) this application form.
●この申込用紙に記入してください。

☐ 1647 Their efforts (　　　) (　　) the development of new drugs.
●彼らの努力は新薬の開発という結果に至った。

☐ 1633 I suggest you (　　) (　　) the prices in advance.
●価格を事前に調べておくことをお勧めします。

☐ 1638 She had trouble (　　) (　　) (　　) a computer virus.
●彼女はコンピューターウイルスを除去するのに苦労した。

☐ 1632 We'll (　　) (　　) (　　) him in a moment.
●私たちはすぐに彼に追いつきますよ。

☐ 1640 Not all of us can (　　) (　　) (　　) the class.
●私たち全員が授業について行けるわけではない。

☐ 1635 I (　　) (　　) wasting her time.
●私は結局彼女の時間を無駄にしてしまった。

☐ 1641 He's (　　　) (　　) me (　　) advice.
●彼は私に助言を期待している。

☐ 1642 The last two sentences don't (　　) any (　　) to me.
●最後の2文は私にはさっぱり理解できない。

☐ 1649 He (　) (　) (　　) write his first novel.
●彼は自身初の小説執筆に着手した。

☐ 1650 The overseas students will (　　) (　　) their own business in Japan.
●その留学生たちは日本で自分たちの会社を興すつもりだ。

☐ 1644 Let me pay for this to (　　) (　) (　　) being late.
●遅れた埋め合わせに，これは私に支払わせてください。

☐ 1643 Did you (　　) (　　) you locked the door?
●ドアに鍵をかけたか確かめましたか。

☐ 1634 They need to (　　) (　　) the problem quickly.
●彼らは早急にその問題に対処する必要がある。

☐ 1639 I (　　) (　　　) (　　) (　　　) (　　) those people.
●私はそういった人々と何の共通点もない。

☐ 1631 What (　　　) (　　　) a change in her attitude?
●何が彼女の態度に変化をもたらしたのですか。

Drill83の復習テスト 解答　1646 never fail to　1648 set off for　1645 made up her mind　1636 figure out
1637 fill in　1647 resulted in　1633 check out　1638 getting rid of　1632 catch up with　1640 keep up with
1635 ended up　1641 looking to for　1642 make sense　1649 set out to　1650 set up　1644 make up for
1643 make sure　1634 deal with　1639 have nothing in common with　1631 brought about

忘れていた熟語は，p.216の My Idiom List へ **GO**

熟語	1回目 意味を見て発音しながら熟語を書く	2回目 意味に合う熟語を書く	意味
1671 to make matters worse			さらに悪いことに
1672 with ease			容易に
1673 a variety of 〜			いろいろな〜
1674 as 〜 as possible [*one* can]			できるだけ〜
1675 as if [though] ...			（まるで）…である（かの）ように
1676 by the time (that) ...			…するまでに（は）
1677 even if ...			たとえ…だとしても
1678 now (that) ...			今や…だから，…である以上は
1679 the moment [minute] (that) ...			…するとすぐに
1680 by the way			ところで，それはそうと
1681 as for 〜			〜については，〜はどうかと言えば
1682 in general			一般に，概して；〔名詞の後で〕一般の
1683 on the whole			全体的に見て
1684 for example [instance]			例えば
1685 in particular			特に，とりわけ
1686 that is (to say)			すなわち，より正確に言えば
1687 in other words			言い換えると，つまり，要するに
1688 to begin [start] with			まず第一に；最初は
1689 in the first place			まず第一に；そもそも
1690 in addition			その上，さらに

✔	ID	訳文に合う英文になるように空欄に熟語を書こう

☐ 1651 I had to (　　　) (　　　) late three days in a row.
● 私は 3 日続けて夜遅くまで起きていなければならなかった。

☐ 1655 I don't know why he (　　　) (　　　) our invitation.
● 彼がなぜ私たちの誘いを断ったのかわからない。

☐ 1658 He explained to them (　　) (　　) (　　) sign language.
● 彼は手話を使って彼らに説明した。

☐ 1664 (　　) (　　) (　　) performance, this would be a better choice.
● 性能の点では，こちらの方がよい選択でしょう。

☐ 1653 Don't be (　　　) (　　) by those ads.
● そうした広告にだまされてはいけない。

☐ 1656 (　　　　) (　　) his mother, he's in the hospital.
● 彼の母親によると，彼は入院しているそうだ。

☐ 1667 The beach is (　　) (　　　) (　　　) three minutes walk away.
● その浜辺はわずか 3 分歩いたところにある。

☐ 1668 I have (　　　) (　　) praise for them.
● 彼らには賞賛の言葉しかない。

☐ 1661 (　　) (　　) (　　　) rain, the event will take place indoors.
● 雨天の場合，行事は屋内で行われます。

☐ 1663 (　　) (　　) (　　　　), she's the most suitable.
● 私の考えでは，彼女が最もふさわしいと思います。

☐ 1670 Everyone can enjoy the exhibit (　　　) (　) age.
● 年齢に関係なく誰もがその展示会を楽しめる。

☐ 1654 She got promoted and (　　) (　　) his position.
● 彼女は昇進して彼の職を引き継いだ。

☐ 1665 How about going by train (　　　) (　) by bike?
● 自転車ではなくて電車で行かない？

☐ 1669 The restroom on this floor is (　) (　) (　　　).
● この階のトイレは故障中だ。

☐ 1652 We'd better (　　) full (　　　) (　) the opportunity.
● 私たちはその機会を最大限活用するべきだ。

☐ 1662 The results of their experiment were (　) (　　) (　) ours.
● 彼らの実験結果は私たちのとは対照的だった。

☐ 1666 The ATM is right (　　) (　) the exit.
● ATM なら出口のすぐ隣にありますよ。

☐ 1659 She thought (　) (　) (　　　) and replied to me.
● 彼女は少しの間考えて，私に返答した。

☐ 1657 I can't tell the difference (　) (　) (　　　).
● 離れた所ではその見分けがつかない。

☐ 1660 What he says is true, (　　) (　) (　　).
● 彼の言っていることは，ある意味本当だ。

Drill84 の復習テスト **解答**　1651 stay up　1655 turned down　1658 by means of　1664 In terms of　1653 taken in　1656 According to　1667 no more than　1668 nothing but　1661 In case of　1663 In my opinion　1670 regardless of　1654 took over　1665 instead of　1669 out of order　1652 take advantage of　1662 in contrast to　1666 next to　1659 for a moment　1657 at a distance　1660 in a sense

熟語	1回目 意味を見て発音しながら熟語を書く	2回目 意味に合う熟語を書く	意味
1691 *A* as well as *B*			B だけでなく A も
1692 on the other hand	⬇	⬇	他方では
1693 in spite of 〜	⬇	⬇	〜にもかかわらず
1694 because of 〜	⬇	⬇	〜のために，〜が原因で
1695 on account of 〜	⬇	⬇	〜のために，〜の理由で
1696 due to 〜	⬇	⬇	〜のために，〜が原因で
1697 thanks to 〜	⬇	⬇	〜のおかげで：(批判的に)〜のせいで
1698 as a result	⬇	⬇	結果として
1699 in any case [event]	⬇	⬇	いずれにしても：とにかく
1700 in short	⬇	⬇	要約すると，手短に言うと

✔	ID	訳文に合う英文になるように空欄に熟語を書こう

☐ 1677 (　　　　　) (　　　) she forgives me, I won't forgive myself.
● たとえ彼女が私を許してくれても，私は自分を許せないだろう。

☐ 1686 She started it six years ago, (　　　　) (　　　　), at the age of ten.
● 彼女は6年前，すなわち10歳の時にそれを始めた。

☐ 1688 For better communication, (　　　) (　　　　) (　　　　), learn to be a good listener.
● よりよいコミュニケーションには，まず第一に，聞き上手になること。

☐ 1679 (　　　　) (　　　　　　) I lay down, I fell asleep.
● 私は横になるとすぐに，寝入ってしまった。

☐ 1683 (　　　) (　　　　) (　　　　　　), I'm in favor of his opinion.
● 全体としては，私は彼の意見に賛成です。

☐ 1681 (　　　) (　　　) myself, I prefer living in the country to the city.
● 私自身について言えば，都会よりも田舎に住む方が好きです。

☐ 1673 (　　　) wide (　　　　) (　　　) local foods can be found there.
● そこでは実にさまざまな地元の食べ物に出会える。

☐ 1671 (　　　) (　　　　) (　　　　) (　　　　　), she had her purse stolen.
● さらに悪いことに，彼女はハンドバッグを盗まれた。

☐ 1684 Green tea, (　　　) (　　　　), is a special product of our prefecture.
● 例えばお茶は，私たちの県の特産品です。

☐ 1680 I'm not sure if he knows it. (　　　) (　　　) (　　　), where's he?
● 彼がそれを知っているかどうかは，よくわからないな。それはそうと，彼は今どこ？

☐ 1690 (　　　) (　　　　　　), she set up an NGO to support those children.
● その上，彼女はそうした子供たちを支援するNGOを立ち上げた。

☐ 1678 (　　　　) (　　　) we're all here, let's get started.
● それではみんな揃ったので，始めましょう。

☐ 1674 I need you to return it (　　) soon (　　) (　　　　).
● 君にはできるだけ早くそれを返してほしいのだけど。

☐ 1689 There are three reasons for this. (　　) (　　　) (　　) (　　　　), it doesn't produce CO$_2$.
● これには理由が3つあります。まず第一に，それは二酸化炭素を生み出しません。

☐ 1672 I could solve those problems (　　　) relative (　　　).
● 私はそれらの問題を比較的簡単に解けた。

☐ 1687 He's busy again? (　　) (　　　) (　　　　), he doesn't want to come.
● 彼がまた忙しいって？ つまり，彼は来たくないということだね。

☐ 1685 He has a good knowledge of modern art (　　) (　　　　).
● 彼は特に近代美術の知識が豊富だ。

☐ 1682 (　　) (　　　　　), Japanese people are considered to be polite.
● 一般に，日本人は礼儀正しいと思われている。

☐ 1675 He looks (　　　) (　　) he's very satisfied with the service.
● 彼はサービスにとても満足しているようだ。

☐ 1676 (　　) (　　　) (　　　　) I'm thirty, I'd like to have my own house.
● 30歳までには，自分の家を持ちたいと思います。

Drill85 の復習テスト 解答　　1677 Even if　1686 that is　1688 to begin with　1679 The moment　1683 On the whole
1681 As for　1673 A variety of　1671 To make matters worse　1684 for example　1680 By the way　1690 In addition
1678 Now that　1674 as as possible　1689 In the first place　1672 with ease　1687 In other words　1685 in particular
1682 In general　1675 as if　1676 By the time

忘れていた熟語は，p.216の My Idiom List へ **GO▶**

✓	ID	訳文に合う英文になるように空欄に熟語を書こう

☐ 1699 There're several ways, but (　　) (　　) (　　　), this is the most effective.
　●いくつか方法はありますが，<u>いずれにしても</u>，これが最も効果的です。

☐ 1695 I've been absent from school (　　) (　　　) (　　) illness.
　●私は病気<u>のために</u>学校を休んでいる。

☐ 1691 He's a famous translator, (　　) (　　) (　　) being a professor.
　●彼は教授である<u>ほかに</u>，著名な翻訳家でもある。

☐ 1697 (　　　　) (　　) her recommendation, I got the chance.
　●彼女の推薦<u>のおかげで</u>，私はその機会を得られた。

☐ 1698 Our friendship developed, and (　　) (　　) (　　　), I became interested in their culture.
　●私たちの親交は深まり，そして<u>その結果</u>，私は彼らの文化に興味を持つようになった。

☐ 1693 (　　) (　　) (　　) the bad weather, the outdoor concert was a great success.
　●悪天候<u>にもかかわらず</u>，野外コンサートは大盛況だった。

☐ 1694 I couldn't concentrate on my study (　　　　) (　　) the noise outside.
　●外の騒音<u>のせいで</u>，勉強に集中できなかった。

☐ 1692 This one is reasonable. (　　) (　　) (　　　) (　　　), that one is popular.
　●これは価格が手ごろだ。<u>その一方で</u>，あちらは評判がいい。

☐ 1696 The failure was (　　) (　　) a lack of preparation.
　●その失敗は準備不足<u>が原因だ</u>った。

☐ 1700 (　　) (　　　), the book is ideal for English learners.
　●<u>要するに</u>，その本は英語の学習者にとって最適と言えます。

Drill86 の復習テスト 解答　1699 in any case　1695 on account of　1691 as well as　1697 Thanks to
1698 as a result　1693 In spite of　1694 because of　1692 On the other hand　1696 due to　1700 In short

My Idiom List　〜覚えていなかった熟語〜　Drill **83** 〜 **86**

熟語	意味

熟語	意味

最低「5回」は書いて絶対に覚えよう！

熟語	意味

最低「5回」は書いて絶対に覚えよう！